民间谚语谜语

【中国民俗文化丛书】

刘魁立 张旭 主编
李耀宗 著

中国社会出版社

图书在版编目（CIP）数据

民间谚语谜语/李耀宗著. —北京：中国社会出版社，2006.9

（中国民俗文化丛书/刘魁立，张旭主编）

ISBN 978-7-5087-1362-5

Ⅰ. 民… Ⅱ. 李… Ⅲ. ①汉语—谚语—基本知识②谜语—基本知识—中国 Ⅳ. ①H136.3 ②I277.8

中国版本图书馆CIP数据核字（2006）第106863号

丛 书 名： 中国民俗文化丛书
丛书主编： 刘魁立 张 旭
全案策划： 李春园
书 名： 民间谚语谜语
著 者： 李耀宗
责任编辑： 邢幼茷
出版发行： 中国社会出版社 邮政编码：100032
通联方法： 北京市西城区二龙路甲33号新龙大厦
电 话：（010）66080300 （010）66083600
（010）66085300 （010）66063678
邮购部：（010）66060275 电 传：（010）66051713
编辑室：（010）66060097
网 址： www.shcbs.com.cn
经 销： 各地新华书店
印刷装订： 中国电影出版社印刷厂
开 本： 155mm×225mm 16开
印 张： 11.5
字 数： 100千字
版 次： 2011年4月第3版
印 次： 2014年9月第8次印刷
定 价： 19.50元

序

中国民俗学会理事长　　刘魁立

人生活于文化之中，正像人离不开空气一样。《周易》说：“观乎天文，以察时变；观乎人文，以化成天下。”无论汉语“文化”一词是否由此而来，这段话至少说明，我们的祖先向来对文化的重要性有十分清楚和极其深刻的理解。文化确乎是人之所以成为人、人类之所以成为人类的根本标志。人创造了文化，文化也创造了人，从这个意义上也可以说，人是文化的动物。

从文化本身来说，相当长一段历史时期的传统文化可以粗略地、也是相对地划分为两大分流，即所谓上层文化（或称高层文化、雅文化、精致文化……）和下层文化（或称基层文化、底层文化、低层文化、民间文化）。

民间文化是人民群众创造的最古老的文化，因为它的根源可以追溯到人类发展的初始阶段；民间文化同时也是最年轻的文化，因为它仍然活生生地存在于人民的日常生活和口碑之中。民间文化还是整个社会文化的基础，并且具有极强的生命力。上层文化往往是对民间文化选择、改造和精致化的结果。

民间文学、民间艺术是民间文化中最富色彩的一个组成部分。它在人类创造的一切艺术中，生命最活跃，涉及最广泛。它以古朴纯真的艺术手段，反映着人民群众的现实生活、理想和追求。它的无数珍品，是当之无愧的美的典范。没有了它，人类将失去多少童真的回忆；没有了它，人类的爱祖国、爱家乡将会缺少多少实际可感的具体内容；没有了它，人类的欢乐、悲伤也将变得干枯而平淡；没有了它，人类将会失掉多少生活的甘美和幽默……

万家社区图书室援建和万家社区读书活动，是建设社会主义文化和建设社会主义新农村的一项战略举措。我们，作为受到农民兄弟哺育和培养的知识界、文化界，有义务用学来的知识回报衣我食我的父老乡亲，这不仅是我们的社会责任，也是我们的荣耀。

中国民俗学会在这项重要活动中，承担有关中国民间传统文化的约50种图书的撰写工作，我们组织了学养很高的，包括大批教授、研究员在内的专家队伍，来完成此项写作任务。他们在相关领域里，学有所长，业有专攻，所有作者都以光荣志愿者的精神，以科学严谨的态度，用生动活泼的文字，把相关的准确而丰富的知识，呈献给农民兄弟和城镇社区的读者。完成这项具有重要意义的写作编书任务，是我们人生当中一件值得骄傲、值得自豪的事情。

中国民间文化是世世代代锤炼和传承的传统文化，其中凝聚着民族的性格、民族的精神、民族的真善美，是中华民族彼此认同的标志，是祖国同胞沟通情感的纽带。历史悠久、内涵丰富的传统文化也是我们中华民族对人类文化多样性发展的巨大贡献。急剧变化的时代在淘洗着传统的民间文化。在当今时代，我们尤其有必要对我们丰富淳厚、历史悠远的民俗传统立此存照，将其中的优秀部分及其真谛展示给广大民众，使他们对中华大地、对祖国同胞、对优秀的文化传统和淳厚的民俗民风怀有更深刻的眷恋、热爱和崇敬。继承和发扬中华民族创造的非常丰富而优秀的非物质文化遗产和民族精神，是我们的幸事，也是我们的历史责任。

我希望在大家的共同努力下，民间文化之花越开越鲜艳，为我们祖国、为我们中华民族赢得一个永恒的春天。

民间谚语谜语

目录

目录

上编　谚语

第一章

谚语概况

谚语的称呼和定义

世界上有上万种语言，每种语言中都有许多话语是现成的。比如，汉语有时就以“俗话说”、“常言道”，引出一些“现成话”。每种语言的“现成话”都很丰富，按不同的“现成”方式，分作若干分支。如汉语“现成话”就分谚语、俗语、格言、成语、歌谣、宣传语、歇后语、谜语、惯用语、行话等。

“现成话”的分支，犹如大家族中的兄弟姐妹，有着密切的血缘关系，又有各自的长相、脾性、作为，所以得各自取一个名儿。这里要介绍的，是名叫“谚语”的这一支“现成话”。比如“云跑西，披蓑衣”、“姜是老的辣”、“脚正不怕鞋歪”、“买卖不成仁义在”、“儿行千里母担忧，母行千里儿不愁”等。

“现成话”是语言中的精华，“谚语”又是“现成话”中的精华，内容最丰富、数量最繁多、使用最广泛，就总体讲，艺术性也最高。或许正因为人们最亲近它，给它取的名儿也就最多、最复杂。从古到今，人们叫它“俗话”、“直语”、“俗语”、“俗言”、“传言”、“古话”、“俗谚”、“口谚”、“俚语”、“俚谚”、“谣谚”，以及“俗之善谣”、“前代故训”等，名儿多得说不清。

像人长大后须去掉“乳名”一样，谚语在发展过程中，逐渐丢掉了杂乱的叫法，被统称为“谚语”。“谚”古时音义通“彦”、“唁”、“喭”（均读 yàn，音验），含“粗俗”、“不恭”等义，更有“直接、反复、经常以口耳相传”的意思，表示它很真实、很正确，饱含“占验”之功，总是被事实所应验。难怪有人说“谚语”就是“验语”。

那么，究竟什么是“谚语”呢？

长期以来，中外谚学家纷纷给谚语下定义。据粗略统计，见于专著、论文、辞典、教科书等有影响的就多达四五十种。举其要者如：

谚语是人的实际经验之结果而用美的言词以表现者，于日常谈话可以公然使用，而规定人的行为之言语。（郭绍虞《谚语的研究》）

谚语，熟语的一种。流传于民间的简练通俗而富有意义的语句，大多反映人民生活和斗争的经验。……谚语也是民间文学的一种形式。（《辞海》）

流传在民间的简练、通俗、含义深刻的固定语句。（《四角号码新词典》）

谚语是民间流传的一种语言形式；是人民群众在生产斗争、阶级斗争和科学实验中的生动形象的经验总结。（无锡师范学校编《汉语谚语词典》）

谚语是流传于人民群众口头上的通俗、简练、含义深刻的现成语句，从它的内容上看，大部分是生产和生活经验的总结。(北京师范学院中文系编《作文词典》)

在群众中间流传的固定语句，用简单通俗的话反映出深刻的道理。(《现代汉语词典》)

谚语是劳动人民用精练的语句，总结生产斗争、阶级斗争以及各种社会生活经验的语言艺术结晶。它是一种有教育意义、有认识作用或含有哲理的民间传言。(钟敬文主编《民间文学概论》)

谚语和歇后语是在广大人民群众口头上流传的成语。大部分是以现代的词汇按照现代语法规则造成的固定词组。(北京大学中文系编《现代汉语》)

谚语是在人民群众中间广为流传的固定的语句，它用简单通俗的话反映出深刻的道理。(北京师范大学现代汉语教研室编《现代汉语》)

谚语是人民群众口头上流传的通俗而含义深刻的固定语句。一般都能揭示客观真理，富于教育意义。(黄伯荣、廖序东主编《现代汉语》)

这些定义，有的是文字上表述大同小异，有的则在广、狭义或内容形式上存在分歧。对于这些分歧，无论国内国外至今都还未能完全化解。如：

苏联《俄语百科全书》说："谚语是日常言语活动中固定的语句，一般押韵并按语法规则组织起来的。它记录人民的实际经验和他们对特定生活现象的评价。在言语中，谚语作为独立的判断出现，这不同于俗语。"

美籍捷克学者兹古斯塔认为："谚语的主要特点，在于表达某种积累起来的经验，或者概括化的观察，或者是给以忠告。它通常是以隐喻的方式表达这种意思。它在上下文中的地位常同引语一样。在绝大多数情况下，它的原作者是不为人所知的。"

另有西方学者形象地说："谚语为日常生活之女儿"，"谚语为街上的智慧"。

近年出版的权威谚书《中国谚语集成》，博采各说之长，主张这样定义：

谚语是民众共同创作、言简义丰、广为口传并较为定型的艺术化语句，是集体智慧和普遍经验的规律性总结。其特质，兼具语言、文学、语俗，及百科文化载体四性。

这一定义，反映了我国谚语研究的最新成果，得到了各地谚语研究者的广泛认同。学习谚语时，可以结合以上各说，作为主要参考。

谚语的性质定位

要深入了解谚语究竟是什么，还须具体认识它的性质。

谚语既是用来交际的言语，也是可以欣赏的文学，又是约定俗成的习惯，还是承载各种文化成果的"谚车"——犹如汽车运载各种东西那样。总之，它至少一身兼四任。13 世纪英国思想家培根说："一个民族的天才、机智和精神，都可以在它的谚语中找到。"美国作家贺伦也说："一个民族的谚语，是其民族精神及其文明结果的索引。"这些都足以说明，谚语简直是智慧与经验的广阔海洋，是无所不包的大百科全书。

说它是“言语”，是指谚语是语言的有机组成部分。它离不开语言，语言也少不了它。作为定型而精彩的“现成话”，它在社会交际中不仅表达一般意思，更常常画龙点睛，锦上添花，把一般意思说得更明白，更受听，如“万事开头难”、“小洞不补，大洞吃苦”、“有钱常想无钱日，安乐当思病患时”，已成为人人必用、爱用的口头禅。

说它是“文学”，是指谚语是民间创作的最短小的“哲理诗”，最常用的“口语对联”，最精彩的语言艺术品。如“河有两岸，事有两面”、“富家一席酒，穷汉半年粮”、“画虎画皮难画骨，知人知面不知心”，既是非常实用的交际工具，又是极富欣赏价值的文学作品。

说它是“习惯”，是指谚语并非只发生或者使用于一朝一夕，而是经过很长时期的“你讲我听、我修你改”，无数使用者不断加工完善，最终约定俗成。它像其他习惯一样是慢慢养成、自然使用的，讲起来不假思索，脱口而出；听起来毫不费劲，一听就明。如“脚正不怕鞋歪”、“有借有还，再借不难”、“人心换人心，八两换半斤”，人人如此，天天这般，早已成了人们的“语言习惯”、“说话风俗”。

说它是“载体”，是指这种“谚车”所表达的内容，承载（包含）着大千世界的各种文化现象。如“一碗水要端平”、“宁可无钱，不可无耻”、“人争一口气，佛受一炉香”，承载着精神文化；“衣不让寸，领不让分”、“无灾人养树，有灾树养人”、“东北三大宝，人参貂皮乌拉草”，承载着物质文化；“不怕慢，就怕站”、“你敬我一尺，我敬你一丈”、“笑脏笑破不笑补，嫌兄嫌弟不嫌母”，承载着行为文化；“官大一级压死人”、“国有国法，家有家规”、“当官务持大体，为政不在多言”，承载着制度文化。可以说谚语是个乾坤袋，万事万物都装载。

总之，谚语身兼交际工具、艺术欣赏、说话习俗和百科全书等多种性质、功能，是人类社会全体成员共同拥有、日常生活随时能用的宝贵财富。

谚语的来源与早期记载

谚语说：“水有源，树有根”，谚语本身当然也是有源有根的。那么，它的根源在哪里呢？

据考证，三千多年前的周代，学者们就已在著述中经常引用谚语，或称“古者有谚”，或称“古者有言”，表明“谚语”早在此时就已相当流行。清代学者曾廷枚在其《古谚闲谭》一书中，说他自己“反复详玩”包括“夏、商、周”在内的历代典籍，“其间有摄于谚语者，即拾侧理录之，以免遗忘。”他更把谚语的“生辰”追溯到比周代更早千年的夏、商。明朝有个叫杨慎的学者，在其所著《古今谚》这本书中，把最古老的谚语称为“黄帝语”，认为在黄帝之时就有了谚语。清代学者杜文澜在其所著《古谣谚·凡例》中明确说“谣谚之兴，其始止发乎语言，未著于文字。”时至现代，鲁迅先生更断言，谚语之类的民间口头文学作品，是“不识字的作家”们所创作的，他明确地把谚语的产生提前到了文字出现之前，也就是说，在黄帝命仓颉造字之前。

怎样理解古今学者的这些断言呢？苏联文学家高尔基在其《论文学·论艺术》里说："语言艺术产生在太古时代的劳动过程中，这是大家公认和确定的。这种艺术之所以产生，是因为人类渴望用最容易记牢的词形，即用二行诗、'谚语'、'俗语'和古代的劳动号子等形式来组织劳动经验。"或许正因为谚语来源于"组织劳动经验"的需要，属于"经验性总结"，在原始人的口头文学中，便稍晚于一般表情达意的其他创作。正如苏联历史学家柯斯文在其《原始文化史纲》里所说，"人们的口头创作，即民间创作，在原始时期是有着广泛发展的。民间创作最早的形式是关于过去的奇谈，即神话。民间创作较晚的形式是歌谣、叙事诗、谜语和谚语。"

文字诞生前的许多谚语，难免淹没在原始社会的漫漫历史长河中。当然，不少生命力特别强的谚语，也必然存于口耳相传中，一代一代传诸后世，以至被"原始文字"记载下来。据考证，我国最早文字载录谚语，见于《周易》的卦爻辞文之中。如《泰·初九》有"拔茅茹，以其汇"，说拔草要除根。《大壮·上六》有"羝羊触藩，不能退，不能遂"，说公羊角误撞篱笆，进退两难。《坤·初六》有"履霜，坚冰至"，说事物将要变化时可见到征兆。这些就是先祖们朴素的经验、智慧的结晶。

其后，我国第一部诗歌汇编《诗经》，记录了更多的远古、上古谚语。如：《诗经·鄘风·大田》有"朝跻于西，崇朝其雨"，说早上西方出虹，很快就有雨。而"有渰萋萋，兴雨祁祁"，则以云彩出现测雨。《诗经·豳风·鸱鸮》的"迨天之未阴雨，彻彼桑土，绸缪牖户"，告诫人们有备才能无患。《诗经·大雅·荡》的“靡不有初，鲜克有终”，提醒人们善始容易而善终难。这些古谚语，无不闪耀着两三千年前的华夏先祖们经验、智慧的光芒。

在此时和以后的其他一些典籍中，同样记录着当时流传于人们口头的大量谚语。如《左传》所载谚语“辅车相依，唇亡齿寒”，《韩非子》所载谚语“远水难救近火，远亲不如近邻”，《战国策》所载谚语“见兔而顾犬，未为晚也；亡羊而补牢，未为迟也”，《过秦论》所载谚语“前事之不忘，后事之师”，《史记》所载谚语“利令智昏”、“尺有所短，寸有所长”、“桃李无言，下自成蹊”、“忠言逆耳利于行，毒药苦口利于病”，《汉书》所载谚语“投鼠忌器”、“前车覆，后车戒”、“百足之虫，死而不僵”……如此等等，不胜枚举。

谚语发展与“谚海”消长

任何事物都有这样那样的发展变迁历程。经历了漫长历史发展的谚语，当然也不例外。

“谚语”最初是以很普通的“现成说法”出现的。这些“说法”使用频率很高，在流传中不断被人们修改加工，争相共用，经久流传，慢慢地就发展成了较为定型的“谚语”。这是“谚语队伍”不断发展壮大的主流。所以说，同其他民间口头创作一样，每条谚语都查无作者，也难以认定哪年哪月哪天是它的“诞辰”。

“谚语队伍”在发展过程中，不仅总量增加，其成员还常常变化无常，飘忽不定。有的悄无声息地消失在历史长河，让人永难再见其风采；有的则被人们修改，发生了这样那样的变化，如上述《史记》里的“忠言逆耳利于行，毒药苦口利于病”，见于《史记》的“毒药”，后来流传为“良药”；有的如“唇亡齿寒”、“众口铄金”、“利令智昏”、“投鼠忌器”等，当时叫“谚”，流传时却改了名儿，现已加入了“成语”的行列。

语言属于全民所有。民众使用现成话，尤其是谚语这样的艺术语句，只求说听双方耳熟能详，常常随心所欲，并不在乎它是什么“语”。因此，有时谚或非谚，便难有截然的鸿沟。

例如“班门弄斧”的使用最初见诸古籍，是以“成语”形式出现的。如唐代柳宗元《王氏伯仲唱和诗序》说“操斧于班、郢之门，斯强颜耳。”时至宋代，赜藏主的《古尊宿语录》卷十八，则大同小异地说“鲁班门下弄大斧”。

在这以后，成语体和谚语体，更是交替并用于许多古籍中。如元代关汉卿在其《金线池·楔子》中，首次将它定型为成语：“兄弟对着哥哥跟前，怎敢提笔，正是弄斧班门，徒遗笑耳。”明代梅之焕《题太白墓》诗曰：“采石江边一堆土，李白之名高千古。来来往往诗一首，鲁班门前弄大斧。”所用较宋谚仅“下”与“前”一字之差。明代另一位文人杨循吉在《蓬轩别记》中写道：“采石江头李白墓在焉，往来诗人题咏殆遍。有客书一绝云‘采石江边一抔土，李白诗名耀千古。来的去的写两行，鲁班门前掉大斧’，亦确论也。”杨氏所引，较之上述引用，也仅差一字。

从柳宗元诗序到太白墓诗，“班门弄斧”在成语体和谚语体之间变化无常，忽儿作成语，忽儿作谚语。这是字面差异造成的变迁。

另外，还有一些变迁，字句完全不动，仅仅因为流传使用，习惯地改变了称谓。原本出自名家典籍，而并非民间创作的一些成语或格言，如“与人方便，自己方便”、“饥不择食，寒不择衣”、“疑人莫用，用人莫疑”、“天时不如地利，地利不如人和”、“智者千虑必有一失，愚者千虑必有一得”，以及“知识就是力量”、“谦虚使人进步，骄傲使人落后”等，非常口语化，口头使用频率远远高于书面。它们语出何人、源自何典，到底是成语、格言，还是谚语，说听双方都很少问津。而事实上，它们已经成为“谚语”了。

有个成语叫“沧海桑田”，是说在自然史上，“沧海”与“桑田”并非一成不变，而是常常互相转化。“谚海”也是如此，常常作此作彼，有长有消。“谚海”消长无常，是谚语发展的一大规律。

第二章

谚语的基本特征

谚语的性质定位，具体体现为它的若干基本特征。这些特征，从内容上看，具有经验性、哲理性、蕴情性和时代性；从形式上看，具有口语性、异变性、精练性、艺术性和民族性；从使用上看，具有实践性、俗传性、训诫性、讽劝性和地域性。

谚语的内容特征

一、经验性

谚语源于民众长期的生产和生活实践。谚语的定义讲，它是民众“集体智慧和普遍经验的规律性总结”，因此，“经验性”是它的第一大特征。

高尔基曾说：“谚语和俗语典范地表达劳动人民全部的生活经验和社会历史经验。”西班牙作家塞万提斯在长篇小说《堂吉诃德》中大量引用谚语，也认为“凡是谚语没有一句不正确，因为它们都是从经验里得来的语句，是一切科学的母亲。"

谚语的确是在"典范地表达"经验：有的直接感知，如"慢打酒，快打油"、"钟不敲不响，话不说不明"、"亲不过父母，近不过夫妻"；有的既感知，又兼含推理，如"一回生，二回熟"、"好人不长寿，祸害一千年"；有的反映成功，如"天下无难事，只怕有心人"、"要好儿孙快积德，欲高门第快读书"；有的总结失败，如"吃一堑，长一智"、"小洞不补，大洞吃苦"；还有的同时总结成功与失败，如"宁借千里帽，不借一里鞋"、"烟是空虚酒是痨，饭为根本肉为膘"等。谚语并非凭空想象，都来自实实在在的经验。谚语说："茄不开虚花，谚不讲虚话。"《韩非子》也说："古无虚谚，不可不察也。"

那么，凡是经验都能总结成谚语吗？当然不是。对此，俄国作家果戈理认为，谚语只总结经得起反复"验证"的、普遍实用的、靠得住的那些经验。

没有经验就没有谚语；没有带普遍意义的根本经验，同样没有谚语！

二、哲理性

所谓"哲理"，就是关于宇宙和人生的"具有普遍意义的道理"。它从感性深度和理性高度，本质地反映宇宙和人生。大家常说"有理走遍天下，无理寸步难行"，这种通行天下的"理"，就是"哲理"。

谚语之所以那么令人信服，招人喜欢，就是因为它总结集体智慧和普遍经验时，都要经过理性概括和升华，透过表面现象揭示事物本质。如："万中有一，一中有万"、"留得青山在，不怕没柴烧"、"一生包含着一天，一天象征着一生"等。可见，它既非个别经验的简单翻版，也不是浮光掠影地顺口一说。高尔基说：谚语之类的艺术语言"虽不是蜜，却粘着一切东西"。蒙古族谚语也说："水滴积多盛满盆，谚语积多成学问。"这些话生动揭示了谚语"哲理性"的魅力。只要是真正的谚语，那就或多或少、或明或暗、或深或浅地蕴涵着一定的哲理。谚语的总和，简直就是一部神奇的"哲学大典"。

讲道理、有哲理，是谚语的强大生命力所在，是它最本质、最突出的一大特征。只是一般说事，啥"理"也不讲，那它肯定不是谚语。

三、蕴情性

谚语必讲"理"，但也并非"无情"。有人说，"谚语是理性的，讲道理的，似乎不存在表达感情的谚语。"这是对谚语的误解。

其实，谚语"讲道理"无不发自一定的情绪或情感，只是程度不同而已。不带任何情绪或感情，只像木头人"咿哩哇啦"发声，是不可思议的。苏联学者茹科夫曾明确地指出："谚语几乎不可能在平静中产生。人民创作它们的时候，往往是：或怒火炽燃，或悲怆凄绝，或畅怀欢笑，或尖刻嘲弄，或纵情喜乐，或号啕大哭，或长声喟叹，或低唤轻吟，或高声疾呼，或诙谐戏谑，或俏皮逗趣，或惊恐万状，或预诫告警，或谆谆训诲，或愤懑感慨——总之，人民中间所有的感情都在谚语的创作中表现出来了。"如此强调谚语的蕴情性，不无道理。

应该说，人们使用任何谚语，都同时为着“表情”和“达意”，并非木然“出口”。这些“出口”的话，无不蕴涵着一定的情绪或情感。当然，蕴情程度、方式各有不同：有的强烈宣言，如“当官吃肥臀，死了给狗啃”、“舍得一身剐，敢把皇帝拉下马”；有的直白流露，如“财主斗，老虎口”、“下台的官，落水的狗”、“心头有仇恨，手头有力量”、“劝君莫打三寸鸟，子在窝里盼母归”；有的婉转影射，如“入龟门，受鳖气”、“人富水也甜，官高屁也香”、“天上云多月不明，地上山多路不平”等。

我们中国人表达感情，普遍具有“含蓄、内蕴”特征。反映到谚语中，较多地表现为“内蕴性”。谚语蕴“情”于“里”，虽不如诗歌抒情那样直接、放达，却仍旧感人，甚至更显威力。这正如少数民族谚语所说，“大象的鼻子很软，但最有力气”。

四、时代性

谚语既是社会生活的反映，则势必打上时代的烙印。虽然不是所有谚语都一步步随着时代而变，但总体上，从旧谚的字里行间和“新”谚的不断出现来看，时代风采一目了然。

在“谚海”里，区区一条谚语也能折射出一段漫长时代风貌。如：“洋袜子不绱底，县太爷也穿不起”、“番鬼推车，银钱作怪”、“男人嫌女人一张纸，女人嫌男人只有死”等，就是一幅幅旧中国生活图。而“天字出头夫做主”与“妇女能顶半边天”，“好男不当兵，好铁不打钉”与“一人参军，全家光荣”，“鱼怕鹰，民怕兵”与“军爱民，民拥军”，则反映出截然不同的两个时代。

记录着人类生产力，尤其现代文明发展的谚语，如：“刮风下雨不看天，电视里问气象站”、“家有气死牛（拖拉机），耕地不犯愁”、“好马三天跑断腿，电驴子（摩托车）一天打来回”、“务农一世转田头，上网眨眼天下游”，以及“马路当虎口，行人两边走”、“手握方向盘，县长也不干”等，其时代感更是格外鲜明。

当然，基于人类道德的继承性，大量世世代代传承美德的修养谚，其字面的时代感并非都那么鲜明。如“人凭志气虎凭威”、“宁可吃亏，不可食言”、“看树不看皮，看人不看衣”、“理为天下英雄胆，德是人间富贵根”之类，世代盛传，即难以逐一明确地划分出具体的时代。谚语的“时代感”，多反映在内容含义的翻新及使用对象和语境的变化上。

谚语的形式特征

一、口语性

谚语是民间口传文学，朗朗上口才利于口耳相传。如：“饭要吃热，衣要穿宽”、“男人是耙子，女人是匣子”、“人无千日好，花无百日红”、“气气恼恼得了病，说说笑笑活了命”、“债是一根无头绳，解不开它捆死人”等，说起来顺口，听起来入耳，就跟平时拉家常一样。

一些文人笔下的精彩格言，久而久之也发展成了谚语。其重要原因之一，就是它们富有“口语性”。如：“天下兴亡，匹夫有责”、“自知者明，自胜者强”、“当官不为民做主，不如回家卖红薯”、“先天下之忧而忧，后天下之乐而乐”等。还有一些色彩鲜明的“艺术谚”，都因其朗朗上口，照样入谚流传。如：数字谚——“不如意事有八九，常顺心者无二三”；拆字谚——“三人乃为众，一木不成林”、“说一千，道一万，两横一竖全靠干”等。

无论内容多么精彩，只要不上口，就难成谚语，如果硬要把它叫做“谚语”，大家也不会接受和传用。

二、异变性

古时兵谚说：“兵无常势，水无常形。”谚语口语性强，就跟“水”一样，没有“常形”。装在方盒子里就“方”，放在圆筒里就“圆”，洒在没边没沿儿的地上就“散”。口头语不如书面语稳定，这就带来了谚语的异变性。换句话说，一条谚语在不同地方、不同人的口里，常常变成大同小异的异文。如：

胳膊折了往袖子里藏。(《红楼梦》第7回)

胳膊只折在袖子里。(《红楼梦》第68回)

胳膊折在袖内。(《红楼梦》第74回)

“折胳膊”这条谚语，在《红楼梦》一部书的前后三回里，就有这样三种异文，而说的人、听的人都把它当成了一句话。

又如“三个臭皮匠，顶个诸葛亮”，其中的“臭皮匠”又说“缝鞋匠”，“顶个”两字说法更多，如“抵个、赛过、胜过、赶上、合成、变成、变做、化做、就是”等。这条谚语，在全国各地见到的异文已达40多种，它是至今所知流行异文最多、最广的一条谚语。

再如“为人不做亏心事，半夜不怕鬼敲门”，另还有多种说法：

为人不做昧心事，半夜不怕鬼上门。

为人不做欺心事，半夜不怕鬼打门。

为人不做缺德事，半夜不怕鬼敲门。

为人无歪心，不怕鬼敲门。（河南三门峡）

心里没有事，不怕鬼敲门。（河南驻马店）

……

谚语的“异文”变化不大。除此之外，还有变化较大的，内容、用词甚至句式都起了变化的，就叫做“变体”。下述“诸葛亮”谚语的变体，也举不胜举：

三个缝鞋匠，做事好商量。（浙江）

三个老婆娘，合成一个诸葛亮。（广东吴川）

三个笨桶匠，打出好桶样。（四川）

三个小木匠，胜如诸葛亮。（上海）

三个和州匠，赛过诸葛亮。（安徽和县）

一人终无两人智，三个皮匠顶孔明。（上海）

一个篱笆三根桩，三人顶个诸葛亮。（广西·壮族）

一人计短，两人计长，三人胜过诸葛亮。（广西桂平）

一个巧皮匠，没有好鞋样；

两个笨皮匠，做鞋好商量；

三个臭皮匠，合成诸葛亮。（安徽）

人多办法多，胜过神诸葛。（广西鹿寨）

下述“为人”这条谚语，则有这样一些变体：

为人不做亏心事，半夜敲门心不惊。（河南开封）

为人不做亏心事，阴间路上魂不惊。

为人不做亏心事，谁怕上殿摇锁子？

为人莫做亏心事，古往今来放过谁？

为人不做欺天事，不怕青天打炸雷。

为人不做昧心事，世上没有寻仇人。

平生不做皱眉事，世上应无切齿人。

半夜听到拍门声，哪个有事哪个惊。（壮族）

白天不犯朝纲，半夜敲门不慌。（壮族）

不吃鱼肉口不腥，不做坏事心不惊。（河南焦作）

谚语“异变性”带来许多异文和变体，却毫不影响谚语的表达，相反，还因此大大丰富了谚语的艺术风姿，增强了它的实用性和感染力。

三、精练性

这是谚语最突出的语式特征。谚语总是用尽可能简短的话语，表达最丰富的内容，哪怕一字半字，也要坚决节省。

列宁说：“往往有一种成语，可以极其准确地表达出相当复杂现象的本质。”他所说的“成语”，实际就是指的谚语。高尔基也说，谚语“最大的智慧在于字句的简洁。谚语和歌曲总是简短的，然而在它们里面，却包含着可以写出整部整部的书的思想和情感。”谚语的这种以少言多的“精练性”表现在两方面：

第一，从表面看，语式高度简约。

它多为单、复句，三句格较少，四句格及五句以上谚语，多在少数民族中见到。单句谚，从两三字到七八字不等，其中以五七字最多。如：

两字谚——宰熟/欺生/ 汤饱/丑孝

三字谚——灯下黑/气糊涂/隔代亲/酒乱性/色迷人

四字谚——财迷心窍/熟能生巧/童言无忌/狗急跳墙/十男九痔

五字谚——人熟理不熟/三岁定八十/小心无大错

六字谚——久晴必有久雨/百密难免一疏/无私才能无畏

七字谚——小心驾得万年船/红到四十绿到老/开店不怕大肚汉

八字谚——不叫唤的狗最咬人/掌墨师多了房子垮

九字谚——天下没有不吃腥的猫/久走夜路难免碰见鬼

十字谚——世上总有讲道理的地方/臭猪头也有烂鼻子来闻

十一字谚——人背时吃豆腐也碰到骨头

这些单句谚，哪条都难再减掉一字半字。再看复句、多句格谚语：

复句格——人走利，水走低/人敬有，狗咬丑/肉炒熟，人吵生/问百人，通百事/兵在勇，将在谋/雨凭风，理凭公/畜靠蹄，人靠舌/民怕兵，鱼怕鹰/三岁看大，七岁看老/猫记八百，狗记一千

三句格——和为贵，让为上，忍为高/早吃好，午吃饱，晚吃少/为臣当忠，为子当孝，为友当义

四句格——贪酒多病，好色毁身，斗气玩命，争财丢亲/男人是盘耙，女人是个匣。不怕耙没齿，就怕匣没底。

五句格——久立伤骨，久坐伤血，久视伤神，久行伤筋，久卧伤气。

六句格——莫吃尽，莫穿尽，莫说尽；要懂得，要做得，要耐得。

复句、多句格通常都是一谚多“义”，而每句字数也简得不可再简。兄弟民族的多句格谚语，别是一番言简义繁的风采。请看一条德昂族谚语：

米酒甜，要酿造；

蜂蜜甜，要采集；

生活甜，要开荒。

如此三言两语，就形象地勾勒出一个民族的勤劳本质，具有高度的概括力、精练性。难怪哈萨克族谚语说：“最干净的水是泉水，最精练的话是谚语。”

第二，从内里看，词句千锤百炼。

鲁迅说：“方言和土语里很有些意味深长的话，我们那里叫‘炼话’，用起来很有意思，恰如文言的用古典，听者也觉得意味无穷。”他所谓“炼话”，即主要指谚语。鲁迅家乡的“炼”字，入木三分地道出了谚语“精练性”的真谛和渊源。谚语的“精练”，是无数创作者、使用者在长年累月中不断修改磨“炼”而成的。在这点上，它使一切作家相形见绌。

四、艺术性

上面讲的“精练性”，其实也属于“艺术性”范畴，那是讲句式上的特征。这里所谓的“艺术性”，主要讲谚语的修辞技巧。

谚语除注重句式上的锤炼外，还巧用数十种辞格。“辞格”就是修辞的方法格式。这里试举几“格”：

比喻格——有明喻“人情像拉锯，你来我有去”、“挣钱犹如针挑土，用钱恰似水冲沙”；暗喻“困难是石头，决心是榔头”、“勤是摇钱树，俭是聚宝盆”；借喻“王八好当气难受”、“老鹰爪子大，但捉不住苍蝇”；借代“大树倒了比小树还矮”、“一锅煮不下两个公羊头”等。

押韵格——有押首韵“衣食足，礼仪兴”；押脚韵“守口如瓶，防意如城”；押腰韵“见人短命，见货添银”；押首脚韵“姑口烦，妇耳顽”；押首腰韵“少不离乡是废人，老不离乡是贵人”；押复腰韵“有权人自有办法，无权人只有看法”；押腰脚韵“破竿一肚水，破棺（官）一肚鬼”；押首腰脚连环韵“笑一笑少一少，恼一恼老一老”等。

对偶格——有正对“逢山开路，遇水架桥”、“意适能言趣，心清可品茶”、“长江后浪推前浪，世上新人趱旧人”；反对“千军易得，一将难求”、“财主碗中餐，穷人身上汗”、“贫居闹市无人问，富在深山有远亲”；流水对“治乱世，施重刑”、“若要人不知，除非己莫为”、“纵然厦大千间，不过身眠七尺”、“莫待是非来入耳，从前恩爱反为仇”等。

回文格——有全句回“人薄土，土薄人”、“说好听话，话听好说”、“黄牛有病有牛黄”；首尾回“乏牛不卧，卧牛不乏”、“来者不善，善者不来”、“养家不斗气，斗气不养家”；对字回“多算胜少算，少言强多言”；半句回“穷人衣穿四季，富人四季穿衣”等。

复嵌格——有单复嵌“行时时方便，作种种阴功”；迭复嵌“娶妻娶德别娶色，交友交心莫交财”；对复嵌“人急烧香，狗急跳墙”；对迭复嵌“大诈似信，大奸似忠”；韵复嵌“百菜不如白菜，诸肉不如猪肉”等。

谚语的修辞艺术，可以概括为三句话：辞藻生动、活脱，富有形象性；句式严整、和谐，富有结构美；韵律铿锵、顿挫，富有音乐感。

五、民族性

不同民族的谚语，都有其民族特色。特色主要表现于独特的心理素质、生活习性、表达习惯、流传方式等方面。请看下面这组蒙古族谚语：

懒惰的马路程远，吝啬的人朋友远。

父亲好，能多交朋友；马匹好，能扩大眼界。

朋友多的人像草原辽阔，朋友少的人像巴掌狭窄。

人在甜言上易栽跟头，马在软地上常打前失。

看不清自己头上的骆驼，能看清别人头上的细针。

这些谚语广泛流传草原，无不饱含浓郁的草原民族特色。另看一组各民族谚语：

金太阳会晒化积雪，银月亮能照亮大地。（藏族）

高山挡不住太阳，衣襟遮不住月亮。（柯尔克孜族）

冰雪压不住青草，乌云遮不住太阳。（彝族）

两片叶子能挡住双眼，却挡不住太阳的亮光。（白族）

太阳高照暖人心，椰子树高抵台风。（黎族）

蜡烛只能照亮房屋，太阳可以照亮宇宙。（维吾尔族）

太阳照大地，万物有生机。（珞巴族）

地上，金子最宝贵；天上，太阳最宝贵。　　　（门巴族）

这组谚语都在夸奖太阳，这同一颗太阳却在各民族心目中以各自的憧憬表现出不同的民族情怀和风采。

谚语的使用特征

一、实践性

谚语来自实践，是就内容而言的。谚语又无不返回实践，被检验、被选择、被一再应用，这便是它使用上的“实践性”特征。从这层意义上讲，谚语又可以称为“验语”——经得起事实检验的“灵验话语”。如：

饭少加菜，衣少加带。

漏屋不漏脊，漏脊满屋滴。

磨刀不误砍柴工。

走夜路，把灯提，前照一，后照七。

远路无轻载。

毛毛雨打湿衣裳，花花酒喝垮家当。

不怕指头粗，就怕心头细。

凡是己是，便少一是；有短护短，便添一短。

三家养头牛，瘦成干骨头。

出门看天，入屋看檐，进门看脸。

由这些谚语不难看出，它们的实践性都包含着三层意思：一是从实践产生，二是为实践服务，三是受实践检验。空想出来、束之高阁、从不“验用”的谚语，是根本不存在的。

二、俗传性

又称“群众性”。它包含两层意思：

第一，“俗话俗说”，用大家都顺口、悦耳的话来说。正如谚语所讲“话要俗说才传得远”，同样一个意思，通俗地说要比文雅地说，传得快，传得远。如：

一个巴掌拍不响。/孤掌难鸣。

打狗要看主人面。/投鼠忌器。

有吃才有屁，有本才有利。/以本求利。

海枯深见底，人死不知心。/人心叵测。

人多出韩信，智多出孔明。/百步芳草。

上梁不正下梁歪。/上行下效。

一母生九子，九子各不同。/一龙九种。

人怕出名猪怕壮，柿怕红皮杏怕黄。（山西）/位高多险。

人跟势走，狗跟屁走。/趋炎附势。

摸着石头过河。/投石问路。

这组例子，前面是“俗说”的谚语，后面是“雅说”的成语。很显然，前者比后者使用广得多，传闻远得多。

第二，“俗传者众”，“俗人”之间，“雅人”之间，以及“雅人”与“俗人”之间，无不使用。而成语之类“雅说”，顶多只通行于“雅人”内部，传用者极少。总之，无论民族异同、年龄大小、文化高低、资历深浅、地位尊卑，只要非傻非呆、非聋非哑，就必然要说、听（使用）谚语。

此外，谚语的“俗传性”还可从纵横两向看：“纵”——说它从古到今，世代相传，沿袭久远，消长无常；“横”——

说它从甲地到乙地，从此族到彼族，从某地到全国，从本国到外国，可广可狭，无界无边。总而言之，凡有人群的地方，就一定有谚语广泛流传。

三、训诫性

“训诫”就是教导、告诫。谚语就像无形的师长，以它无可争辩的真理性、权威性，高屋建瓴地引导人，教诲人，感召人。如：

富致忧，贵生险。

遛好的病，歇好的疮。

盛世绸缎荒时米。

仁为万善本，贪是诸恶源。

贪多嚼不烂，屙下还是饭。

欲求生富贵，须下死功夫。

愿培薄德，是厚德；能容小人，是大人。

害人之心不可有，防人之心不可无。

耳不抠不聋，鼻不掏不红，眼不搓不矇。

嘴巴吃馋，筷子磨短，酒壶捏扁，身子变散。

这些谚语，就像良师益友在跟你聊家常，字字句句都教给你为人处世的道理，说得你心服口服。少数娱乐谚语表现为说笑开心，其中也常常“寓庄于谐”，使人在“开心”中受到教益。

四、讽劝性

“训诫性”是有话直说，不拐弯抹角；而谚语的“讽劝性”则是故意用含蓄话语，打个比方进行劝诫。如：

山不厌高，水不厌深。

玉碎不改白，竹焚不改节。

猴毛做笔笔画猴，牛皮做鞭鞭打牛。

留得青山在，不怕没柴烧。

竹不可没叶没枝没节，人不可没皮没骨没血。

只要拧成一股绳，纱线也能捆住牯（gǔ，音古）牛。（苗族）

同时追两只兔子，一只也抓不着。（俄罗斯族）

如果怜惜敌人，你的妻子就会为你穿起孝衣。（哈萨克族）

青草不怕石头压，伸出头来腰还直。（彝族）

谚语的“讽劝性”使它辛辣而温善、庄重而诙谐、严肃而活泼、鲜明而含蓄，比明说直道更见“训诫”效果，更富说服力、感染力。

五、地域性

古人说，谚语是“民风土著论议”（见《说文长笺》）。既然是“土著”，当然就必有“地域”特色。这种特色，常常表现为“异文”和“变体”，包括三种情况：

一是谚面习惯表达的个别字句“微小差异”。如“三个臭皮匠，顶个诸葛亮”中仅“顶个”二字有变的异文，并无此地彼地、有此无彼的严格界限，就属这种习惯异变的地域性。

二是因风土语俗不同而带来的谚义“明显差异”。上述“诸葛亮”谚如果讲成“两个缝鞋匠，做事好商量”、“三个笨桶匠，打出好桶样”等，谚义起了异变，就是它们流行地域的不同风土习俗造成的。

三是方言差异带来的“地域性”变化。我国汉语有八大方言：北方方言、吴方言、湘方言、赣方言、客家方言、粤方言、闽南方言和闽北方言。因方言差异带来的“地域性”更是普遍。如：北方方言区讲“丑媳妇总要见公婆”、“新打马桶三日新”，而粤语区则讲“丑新总要见家公”、“新打屎缸三日新”；北方方言区讲“一个萝卜一个坑”，吴语区则讲“一个萝卜一个汪”；北京讲“老牛拉破车，有拉就乐呵呵”，长春则讲“老牛破车疙瘩套，稀里糊涂往前闹”。

第三章

谚语和近邻的区别

谚语是“现成话”家族的一个成员。有的学者把所谓“现成话”称为“熟语”。《辞海》说：“熟语是常用而定型的词组或语句。它源远流长，运用普遍，极富于表现力。”

这个“熟语”范围很广，除谚语外，还有俗话、成语、格言、歇后语、谜语、惯用语、宣传语（标语、口号、豪言壮语等）、行业话（含行话、暗语、宗教语及与之相关的口头禅、咒语、忌讳语）等，以至短小歌谣。

谚语与这些“近邻”盘根错节，各有不同，却非常相像，很容易混淆不清。

谚语在熟语（现成话）中的地位以及和它的几个主要近邻的关系，可大体如图 3－1 所示。

谚语和俗语比较

“俗语”这个词，有广、狭两义。广义的俗语，又叫“俗话”，包括所有“通俗而定型的现成话”。它的范围跟学者们

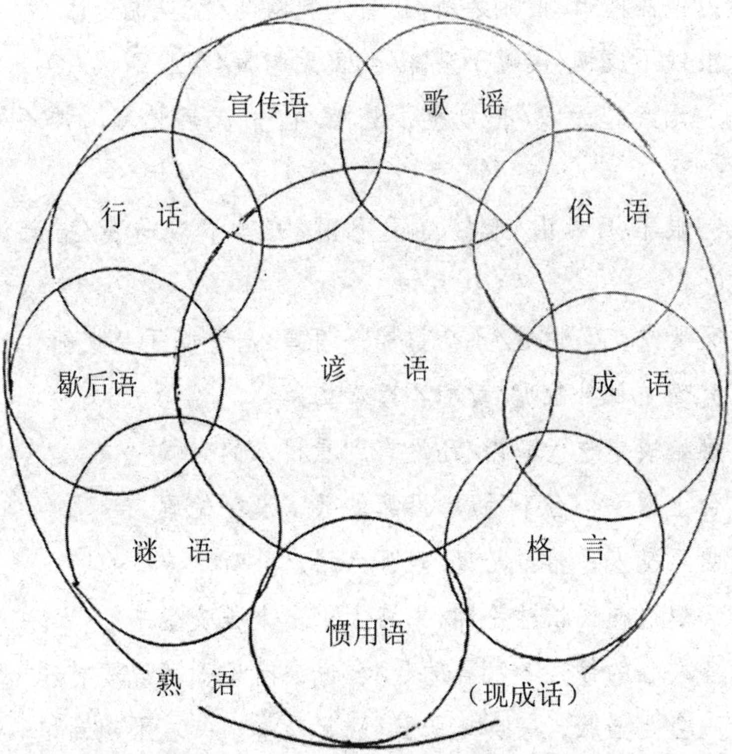

图 3－1 谚语与其近邻关系示意图

说的“熟语”差不多。

谚语也曾经叫“俗语”、“俗话”，就是取它的广义而言。现在的民间，甚至有的书上，仍在使用广义的“俗语”和“谚语”交叉称呼，使“谚语”和“俗语”成了“近义词”或“等义词”。

那么，能否干脆把它们合为一“语”，叫一个名儿呢？不能。学者们根据民众长期使用的细微感受深入研究，发现在“通俗而定型的现成话”中，有许多语句并不具备“谚语”的基本特征，其实和谚语差别不小。例如：

刀钝怪肉老/旧瓶装新酒/盲人骑瞎马/空口说白话

恨铁不成钢/破罐子破摔/欺负无脚蟹/翻脸不认人

一无亲二无故/有娘生没娘管/前怕虎后怕狼/ 神不知鬼不觉

有眼不识泰山/光打雷不下雨/驴唇不对马嘴/踏着绳都是蛇

又要吃鱼又怕腥/不会撑船怪河弯/眉毛胡子一把抓

瓮嘴不补补缸嘴/黄梅不落青梅落

癞蛤蟆想吃天鹅肉/还没有到看秧水的时候

台上握手，台下踢脚/没旗的兵，没头的雁

明里是人，暗里是鬼/眼观六路，耳听八方

又想吃糕又怕沾手油/半路上杀出个程咬金来

各敲各的锣，各吹各的号/公说公有理，婆说婆有理

一会儿猫脸，一会儿驴脸/端起碗吃肉，放下碗骂娘

又要马儿跑，又要马儿不吃草/只许州官放火，不许百姓点灯

你走你的阳关道，我过我的独木桥

这些就是俗语。仔细琢磨，它们和谚语的主要区别在于：

第一，谚语必须推断某条道理或经验，而俗语一般只描述某种情状或性质。如“不打不相识”与“换汤不换药”两句说法很相仿，但给人的印象却不一样：前者不只展示出一种情状，还说出了“只有打交道才能互相了解”这样一条经验，显然是谚语；后者则只描述了“实质上没有什么变化”这种情况，并未直接判断出“变”与“不变”的什么经验，所以是俗语。

第二，谚语是完整的句子，可单用，而俗语多是短语式的“残句”，需借助上下文，才能完整句意。如谚语“死要面子活受罪”，不加任何语素，也不粘连上下文，就可以随意单用，表达出“死要面子就要大吃苦头”这一明确而完整的语意。而“打肿脸充胖子”如果也单用，就会让人感到话还没有说完似的，只有把它放进一定的语言环境，或冠以“不可”、缀以“不管用”等判断语，才能表达“装假不好”这一完整语意。因此，它只能界定为俗语。

谚语和俗语一般区分明显，但有时也很难甚至无法区分。这就是两者的交叉现象。如：“漫天要价，落地还钱”、“打苍蝇手硬，打老虎手软”、“光脚的挣来，穿鞋的花”、“能说会道，死蛤蟆说出尿”、“扬子江中水，蒙山顶上茶”等。这些就既是谚语，又是俗语。

谚语和格言比较

“格言”，《辞海》的定义是“可为法式的言简意赅的语句”。“法式”，就是标准的格式；赅，意思是“完备、丰富可见”。格言具有“座右铭”性质，是大家信服、遵循的权威话语。

在我国，“格言”是千百年传下来的一个习惯称呼，意思比较宽泛。从广义上讲，就是含有劝诫和教育意义的现成话，还包括很多谚语；从狭义上讲，则专指名家在经典里或言谈中所写、所说的名言。其中最需要和“谚语”相区别的就是这种狭义“格言”。其区别主要有四点：

第一，谚语属民间的集体创作，查无作者；而格言出自名家，而且是“可为法式”之言，能查到作者或书面出处。如：

久病成良医。/九死之病，可以试医。

站得高，看得远。/会当凌绝顶，一览众山小。

磨刀不误砍柴工。/工欲善其事，必先利其器。

前者出自民间，无具体作者和出处，都是谚语；后者分别出自清朝学者魏源《默觚（gū，音孤）下·治篇》、唐代诗人杜甫的《望岳》诗及《论语·卫灵公》，都是格言。

第二，谚语极富口语特色，而格言书面语特色较浓。如：

搬起石头砸自己的脚。/多行不义，必自毙。

吃苦在前，享受在后。/先天下之忧而忧，后天下之乐而乐。

一千买宅，八百买邻。/买邻之直，贵于买宅。

前者明白如话，极为上口，都是谚语；后者分别出自《左传》、《岳阳楼记》和《太平御览》，则明显文雅，一看就知是文人笔下的格言。

第三，谚语使用时可以改变字句，以至派生异文或变体；而格言极其稳定，字句不可随意改变。如：

古谚“满招损，谦受益”。明朝人沈采《千金记·延访》就倒过来说成“谦受益，满招损”。出自毛泽东笔下的“谦虚使人进步，骄傲使人落后”是格言，人们经常使用，却未见有谁把语序颠倒过来。

谚语有“不懂就不懂，装懂永不懂”，同时流传“不懂不算啥，装懂更可怕”等其他说法。而出自《论语》的格言“知之为知之，不知为不知，是知也”，盛传古今，原文照引，未改一字。

第四，谚语长期、广泛在民众中流传，而格言则相反。

上述谚例很常用，而和它对应的那些格言，却多在写文章、做讲演等正规或特殊场合中，才派上用场。

当然，谚语和格言之间没有隔着万里长城。许多谚语，最早还是从格言演变而来。如谚语“没有规矩不成方圆”，可以在《淮南子·诠言训》里找到影子：“矩不正，不可以为方；规不正，不可以为圆。”谚语“民以食为天”，取的是晋朝人潘岳《藉田赋》“高以下为基，民以食为天”的后半句。

另外，不少谚语和格言，很难说清是谁由谁变来的。如：

明朝人高明《琵琶记》第三十一回有“大风吹倒梧桐树，自有旁人说短长”，而谚语也有“东风吹倒梧桐树，自有旁人论短长”。清朝无名氏《官场维新记》第十回有“聪明一世，懵懂一时”，谚语也有“聪明一世，糊涂一时”。这两个例子的两种说法，到底是谁“借用”谁呢，很难查考。

曹雪芹《红楼梦》第八十二回中，黛玉说道：“凡家庭之事，不是东风压了西风，就是西风压了东风。”这里的“凡”字，说明这话并非首次出自林黛玉之口；时至一二百年后，毛泽东分析世界局势时，说“不是东风压倒西风，就是西风压倒东风”，只字之差，此话便成了“格言”。此后，人们广泛传用这句话，于是它又成了谚语。

由上可见，区分谚语和格言的最权威的界限，最终还在于看它是否在民众中长期而广泛地流传——是，则为谚语；否，则为格言。虽然查有作者，但因极富民谚色彩而经久广传民间，以至悄然“还俗”，汇入泱泱“谚海”，这样的格言，实际上应该算作“雅谚”，是“谚海”中的一个“特”类。

谚语和成语比较

什么叫“成语”?《辞海》解释说，成语是“熟语的一种。习用的固定词组。在汉语中多数由四个字组成。组织多样，来源不一。”其实，成语也有广、狭两义。广义的成语，指“现成的话语”，包含面很广。狭义的成语，仅指“习用的固定词组”。这里，只论述一下谚语和狭义成语的区别。先看两组实例：

谚语	成语
人心换人心。	披肝沥胆
寸钉入木，九牛难出。	寸钉牛力
吉人自有天相	吉人天相
好汉做事好汉当	敢作敢当
一叶落而知天下秋	一叶知秋
千年铁树也开花。	铁树开花
与人方便，自己方便。	方便之门
自古红颜多薄命。	佳人薄命
众人智多赛孔明。	集思广益
多说如铜，少说似金。	沉默是金
驴唇不对马嘴。	大相径庭
到什么山上唱什么歌。	因地制宜
看破时世惊破胆，识透人情冷透心。	看破红尘

脸上三分笑，肚里一把刀。　　　　口蜜腹剑

自种苦果自家尝。　　　　咎由自取

福中有祸，祸中有福。　　　　祸福相随

从这两组例子可以看出，谚语和狭义成语的主要区别在于：

第一，从语言形式看，谚语一般是整句，可单用；而成语则多系词组或短语，只充当句子成分。换句话说，谚语一般独立成句，或以整句作句子成分，大多用以印证或代替所讲道理；而成语通常只在句子中充当“词”的角色。

第二，从定型程度看，谚语结构宽松，大体定型，使用时可小有变异；而成语则结构紧缩，已经定型，一般不容擅改。

第三，从语言风格看，谚语以俗为本，明白如话；而成语则大多文雅、高深，文墨味重，有的还令常人难懂。

第四，从流传渠道看，谚语主要流传于民众口头，少数被引用入书，也须先经口头传用；而成语正好相反。

成语也是“现成话”，所以也仅在上述几个突出方面有所区分。其实，在长期使用过程中，不少谚语和成语互相渗透，一些比较上口的文言表达，如：“哀兵必胜”、“冤家路窄”、“君子一言，快马一鞭”、“日中则移，月盈则亏”、“尺有所短，寸有所长”、“项庄舞剑，意在沛公”等，以及接近口语体的一些文言话语，如“一失足成千古恨”、“三句话不离本行”、“万变不离其宗”、“冤有头，债有主”、“天无绝人之路”、“四海之内皆兄弟”、“无事不登三宝殿”等，《谚语汇编》与《成语词典》都常常争相收录。

谚语和歌谣比较

“歌谣”是民歌、民谣、儿歌、童谣的总称。在我国古代，能入乐的，叫“歌”；不合乐，只口头吟诵的，叫“谣”。到了现代，就统称“歌谣”。

古时候“谚语”曾经习称“谣谚”。而“歌谣”中，又的确有不少仿谚之作，称“谚谣”。我们平时讲的许多“顺口溜”，就是这类“谚谣”。“谣谚”也好，“谚谣”也好，只要沾了个“谚”字，就都是谚语。

歌谣都不只一句。因此，单句谚不会与它相混。我们所要区别的，是多句谚和那些不沾“谚”边儿的短歌谣，或歌谣中的部分语句。请看：

①大雨灌不满坡上井，
狂风吹不落天上星。
（事理谚）

②山上毛竹根连根，
世上穷人心连心。
（时政谚）

③亲不亲，阶级分，
打断骨头连着筋。
（时政谚）

④土改人翻身，
改土地翻身。

①巴月亮，巴星星，
巴望救星新四军。
（歌谣摘句）

②葵花朵朵向太阳，
老百姓心向共产党。
（歌谣摘句）

③鱼不离水，瓜不离秧，
老百姓离不开共产党。
（歌谣摘句）

（农谚）

④灰土土脸的受苦人，

解放后翻身做主人。　　　　　（歌谣摘句）

从以上两组例子可见，谚语和歌谣主要区别在：

第一，谚语多作单、复句，而歌谣多在两句以上。

第二，谚语侧重言理，蕴情于理，而歌谣侧重抒情，蕴理于情。

第三，谚语擅长劝诫，旨在启迪，而歌谣大多直接渲染、鼓动。

把握这些区别时，要特别掂量其侧重面。如凉山彝族的“星星和月亮在一起，珍珠和玛瑙在一起，针筒和针在一起，共产党和人民在一起”，尽管也“蕴情于理”，反复揭示密不可分的党群关系，但更侧重的还是“蕴理于情”，大力渲染情如潮涌，以激荡人心，所以，它应该界定为歌谣。

谚语和歇后语比较

所谓“歇后语”，是指老百姓常说的一种风趣的现成话。它由前后两半截儿组成：前半截叫“喻体”，像谜面；后半截叫“解体”，是真正要说的意思，像谜底。通常只讲前半截，听的人就能猜出后半截来。

这种话语，又叫“俏皮话、引注语、缩脚语”，有的方言区叫“言子”，或“宰言子”。先看一组实例：

猫哭耗子——假慈悲　　　　哑巴吃黄连——有苦说不出

蚊子咬菩萨——认错了人　屁股上搽香油——不值一文（闻）

大姑娘上轿——头一回　　　猪八戒照镜子——里外不是人

麦秆吹火——小气　　　　　麻线拴豆腐——提不得

脱了裤子放屁——多余

肚脐眼儿放屁——腰（妖）气

风箱里的老鼠——两头受气

黄鼠狼下崽——一窝不如一窝

掸子没毛——光棍一条

老母猪坐花轿——不识抬举

搽粉上吊——死要面子

十五个吊桶打水——七上八下

戴草帽亲嘴——差得远

城隍庙搬家——神出鬼没

从这一组例子可见，歇后语和谚语主要区别在：

第一，谚语侧重言事言理，而歇后语侧重喻形喻情。如谚语“眉头一皱，计上心来”，讲“精于思考，就有办法”这一道理；而歇后语“诸葛亮皱眉头——计上心来”，则旨在描绘孔明工于心计的睿智形象。

第二，谚语主谓浑然一体，而歇后语喻、解体若即若离，讲述时可以乃至必须有较长停歇。如谚语“钟在寺院音在外”，无停顿；而歇后语“窗户口吹喇叭——鸣（名）声在外”，后半句连接不紧，须停顿，甚至不讲也可以。

第三，谚语的“有效成分”藏于全句，而歇后语的“有效成分”仅在后半句（解体）。如谚语“乌鸦不要笑猪黑”，全句集中在说明“不要笑黑”；而歇后语“乌鸦笑猪黑——不识自丑”，其要讲的“有效”部分，仅仅在后半句。

第四，谚语独立成句，而歇后语多做句子成分，须依附于某语境。如谚语“猫嘴里挖不出泥鳅来”，独自成句，表达“办不到”这个完整的语意；而歇后语“猫嘴里挖泥鳅——办不到”，一般只充当句子成分，如可以说“别干‘猫嘴里挖泥鳅’的蠢事”，但难以单用。

第五，谚语风格庄重，而歇后语却故意制造诙谐。如谚语“站得高，看得远”，歇后语“飞机上挂暖壶——水平高”，两语一庄一谐，迥然不同。

上面阐述的仅是谚语和歇后语的突出区别。其实，某些歇后语在突出谐趣的同时，也在总结经验，可以算做谚语。如："偷来的锣鼓，敲不得"、"邻家失火，不救自危"、"放虎归山，后患无穷"、"猫头鹰扮翠鸟，越扮越勿俏"、"隔年皇历，翻不得"、"竹篮打水，一场空"等，这种情况叫"跨类"。

谚语和惯用语比较

惯用语，是指口语中极为短小而定型的习惯用语。一般仅两三字。如：

上马/交心/过关/吃醋/抓瞎/放风/望风/放生/泡汤/洗钱

说白/牵线/换马/换牌/骑墙/搭桥/摸底/装蒜

下马威/拍马屁/马大哈/马后炮/马前卒/耳旁风/一边倒/一把抓

一抹黑/一窝蜂/敲竹杠/敲边鼓/开玩笑/开后门/开倒车/开绿灯

打游击/走过场/出风头/出洋相/顺风船/吹冷风/风凉话/风前烛

半瓶醋/醋坛子/半边天/半条命/落水狗/落汤鸡/扣帽子/抓辫子

打棍子/卖关子/碰钉子/装袋子/乱弹琴/放空炮/穿小鞋/泡蘑菇

耍花招/泼冷水/拉下水/拉帮套/拉皮条/涮坛子

谚语也有两三字的，若不仔细辨认，很容易混同于惯用语。如：

行毒/宰熟/欺生/春焐/秋冻/汤饱/丑孝/穷家/富路/南船/北马/南甜/北酸/搬穷/走瘦

人来疯/灯下黑/见面熟/气死人/气糊涂/斤鸡叫/老还小/老糊涂/隔代亲/酒乱性/色迷人/纵闪雨/横闪雹/文死谏/武死战

从以上两组例子可以看出，谚语和惯用语的主要差异是：

第一，谚语再短小，也能构成某种推理或判断；而惯用语则不然。

第二，谚语再短小也是整句，可以单用；而惯用语极短，仅为词组或短语，不能单说，必须依附于一定语言环境而用。

谚语和宣传语比较

“宣传语”主要是指以政治思想宣传为目标的标语、口号、豪言壮语等鼓动性话语。一些句型简洁、整齐的宣传语，容易混同谚语。请看一组宣传语：

人定胜天。

讲文明，树新风。

诚信经商，文明待客。

百城万店无假货。

人文奥运，绿色奥运，科技奥运。

心中有了大目标，泰山压顶不弯腰。

征山服水，改造自然。

叫高山低头，叫河水让路。

小车不倒只管推。

把北京建成国际化大都市。

这些“宣传语”和谚语的主要区别是：

第一，谚语来自俗众，查无作者，而宣传语发自党和国家或社会集团、典型公众人物，一般能查到出处。如谚语“盐多菜苦，儿多母苦”，是民众经验性总结，找不到作者；而标语、口号“只生一个好”，来自国家政府部门，属方针政策性质，出处很明确。

第二，谚语立足总结经验、陈述规律，让具体讲述对象领悟、警醒；而宣传语旨在宣扬主张、公布事项，普遍鼓动、召唤广大社会成员。如新谚语“风平浪静莫忘桨，国泰民安莫丢枪”，宣传语“提高警惕，保卫祖国”，两者的根本立足点各有侧重。

第三，谚语内蕴深厚，言已尽、义未穷；而宣传语一般外展性强，言到义到，更多地讲求鼓动功能。如“剃光山皮，饿瘪肚皮”、“人养树百天，树养人百年”与“森林防火，人人有责”、“植树种草，绿化祖国”，前者道理深藏，发人深省，后者“理”在字面，让人一听就认同。

当然，有不少宣传语，明显具有总结群众经验的性质，表达也用的是谚语句式，广大群众爱说爱听，流传很广。这样的“宣传语”，久而久之，也加入了谚语行列。如：“优生优育，利国利民”、“山要绿化，人要文化”、“水利是农业的命脉”、“修塘如修仓，蓄水如屯粮”、“一慢，二看，三通过”、“宁停三分，不抢一秒”、“司机一滴酒，亲人千行泪”等。

谚语和行话比较

“行话”又叫“行业语”，一般是指出自特定行业，并主要在行业内部流行的较为定型的现成话。

所谓“行话”，特指流行面甚窄、专门性极强，行外人陌生难懂的行内专业用语，一般多作行内成员组织、联络之用。但不包括行业内总结经验、智慧的行谚，如“农谚”、“商谚”等。这里要区别的是那些不是“行谚”的行话，可从以下两方面来判断来审视：

第一，语义判断与否、言理与否。

第二，语句完整与否、单用与否。

如木工行行谚“寸倒八，用牛拉；寸倒九，不拉自己走”，是讲木工制作刨子时，掌握刨刀斜面坡度的口诀。坡度大小决定使用者省不省劲儿。这是一个完整的句子，可以随便单用。

而木工的非谚行话“妻有能”、“母又高”，则仅指“独脚马口”和“墨线棰”这两样工具。虽然它们来源于鲁班的故事，也仅指工具本身，并不判断什么道理，而且只是个词汇，不成句子，不能单独用。

可见，不见得所有行话都是行业谚语，许多行话是不同于谚语的。

在行话中，有一个特殊的类别——宗教语。

“宗教语”顾名思义，出自宗教，一般也只在教众内部流行。少数应用面广的宗教语，已走出教门，“入俗”流传，年深日久成为民间的谚语。然而，就总体讲，谚语和宗教语还是有区别的，主要表现在：

谚语发祥、流行俗众，宗教语仅阈（yù，音欲）于教门或信徒群体中；谚语直道“人”语，宗教语则折射社会，身披“神”化外衣；谚语言尘世“人”理（含入俗以折射者），宗教语宣扬“神”威；谚语流行广泛，大量宗教语只在教内流行。

谚语“出家如初，成佛有余”与宗教语“救人一命，胜造七级浮屠”，前者虽然字面涉及宗教，其内蕴却来自俗众角度，而且主要在俗众流传；后者虽立足佛门，但俗众也用。而“身是菩提树，心如明镜台。时时勤拂拭，勿使染尘埃”及“身是菩提树，心如明镜台。本来无一物，何处染尘埃”之类偈子，便是仅见于佛门之内。

当然，部分“宗教语”，以及与之有关的俗语、咒语、忌讳语等，也相当普遍地被俗众用做谚语。如：“苦海无边，回头是岸”、“放下屠刀，立地成佛”、“道高一尺，魔高一丈”、“一人得道，鸡犬升天”、“男要午，女要子”、“跑不过雨，犟不过命”、“罗盘不离子午”等。

第四章

谚语的类别

“谚海”数量繁多，内容丰富，构成复杂，为方便学习、使用，须按照不同特征，将其划分成若干部分，这就是谚语的类别。

划分谚语的类别有各种方法：可以从句式分，分成单句谚、复句谚、多句谚；可以从字数分，分成两字谚、三字谚、四字谚……直至九字、十字谚等；还可以从首字笔画，或首字读音拼写的音序分；最科学、最适用、最普遍的，当然是以内容分类。

谚语内容极其丰富，按内容分类十分困难，古今中外分法多不一致，长期难有公认的范本。

历时20余年的国家重大科研项目《中国谚语集成》，博采众长，对谚语分类独树一帜，成系统，有章法，利实用，便研究，很有权威。本书吸收了它的框架，把谚语分成事理、修养、社交、时政、生活、风土、自然、农林、工商、文教等十类，逐一介绍如下。

事理谚

谚语都是反映道理的，其中的“事理谚”，指的是专门反映“万事万物的普遍道理”的那类谚语。

云再高也在太阳底下——广东谚

“事理谚”通过总结民众所共有的基本思维规律与经验，对客观事物加以高度抽象概括，以说明不具体确指却可以通用的哲理。“事理谚”表达直接，言到义明，具有很广的涵盖面，让人感到“放之四海而皆准”，因此不怀疑、难反驳、信得过、用得上。

“事理谚”之下，还可再分若干类。如下所示。

说理类：

凡事必有一理。

路有千条，理只一条。

重孙有理告太公。

情是圆的，理是方的。

理在众人口，理通天下走。

牛无力拉横耙，人无理说横话。

有理胆壮，无理心慌。

以力服人服口，以理服人服心。

弯木怕过墨，横人怕过理。

认理不认人，帮理不帮亲。

常理类：

磨刀不误砍柴工。

绳打细处断，鞋打尖头烂。

生就的牛角拉不直。

水大漫不过船，手大遮不住天。

天下乌鸦一般黑。

小塘养得大鱼，软索能套猛虎。

有山就有路，有水就有渡。

跳蚤顶不起被窝，泥鳅翻不起大浪。

路平跌死马，水浅淹死人。

大梁不正二梁歪，前门不紧后门开。

对比类：

没有高山，不显平地。

大人做事不小，小人做事不大。

土能吃铁，弱可胜强。

真的假不了，假的真不了。

冰炭不同炉，善恶不同途。

巧伪不如拙诚，真恶强过假善。

得不足喜，失不足忧。

百年行善不足，一日作恶有余。

有奸方显忠，无易不知难。

改过不易知过易，言善不难行善难。

知行类：

见多识广。

眼过千遍，不如手过一遍。

知是行之始，行是知之成。

耳闻不如眼见，口说不如身行。

一回生，二回熟。

试试不为罪过，问问并不吃亏。

六十年扫帚能成精。

说过不如做过，做过不如错过。

熟能生巧，巧能生精。

书到用时方恨少，事非经过不知难。

皮影不会自己跳，幕后自有掌线人——湖北谚

修养谚

“修养”是个多义词。这里所说的“修养”，包括人们提高自己思想品德的态度、行为与水准等各个方面。因此，“修养谚”是指反映不同社会阶层的人们修身养性的基本经验与规

娘郭渡口船由木头打制，用木多少老木匠心里知——西藏·藏族谚

律的那些谚语的总称。

“修养谚”之下，还可再分若干类。

品行志向类：

若要人心转，祝融山上转一转——湖南谚

物各有主，人各有心。

画虎画皮难画骨，知人知面不知心。

千金不买道，万金不买心。

理为天下英雄胆，德是人间富贵根。

道高龙虎伏，德重鬼神钦。

有志穷不久，无志富不长。

有志者事竟成。

乐不可极，志不可满。

人无信不立，天有日方明。

坐下不比别人矮，站起也有别人高。

胆识才智类：

路在人走，事在人为。

万事不由天计较，一生都让人安排。

傲态不可有，傲骨不可无。

莫学东郭怜狼，要学武松打虎。

不怕铁硬，就怕心坚。

人到万难须放胆，事当两可要平心。

不吃苦中苦，难得甜上甜。

鸟靠翅膀马靠腿，人靠智慧鱼靠尾。

求知惜时类：

文章华国，诗礼传家。

要好儿孙须积德，欲高门第快读书。

欲知千古事，读破五车书。

有田不耕仓廪虚，有书不读子孙愚。

尺璧非宝，寸阴是金。

一世劝人以口，百世劝人以书。

花有重开日，人无再少年。

种田不好误一春，读书不好误一生。

少壮不努力，老大徒伤悲。

黑发不知勤学早，白头方悔读书迟。

律己谦慎类：

心要热，头要冷。

成功每在穷苦日，败事多因得意时。

量大福大，心宽路宽。

鸟三顾而后飞，人三思而后行。

杏不熟才酸，人无知才傲。

马到悬崖收缰晚，船到江心补漏迟。

抬头行路，夹尾做人。

害人之心不可有，防人之心不可无。

无事防有事，无心防有心。

行窃的人，只有一双眼睛；防贼的人，要有九双眼睛。（哈尼族）

社交谚

“社交”就是社会上人们的交际往来。“社交谚”指的是反映各个社会层面的群体、个人及其交往的基本经验与规律的那些谚语。

“社交谚”之下，还可再分若干类。

社群和睦类：

人多主意好，柴多火焰高。

一肩难挑千斤担，众人可动万座山。

龙多不治水，鸡多不下蛋。

单丝不成线，独木不成林。

船载千斤，掌舵一人。

大树底下好乘凉——广东谚

两人一心能买金，一人两心难买针。

和为贵，忍为高。

少个朋友少条路，多个冤家多堵门。

受人之托，周人之事。

当路莫栽蒺藜刺，他年免挂子孙衣。

择友社交类：

人不可貌相，海不可斗量。

鸡无三条腿，人有两样心。

黄河没盖，人心没底。

非亲有义须当敬，是友无情不可交。

宁交双脚跳，不交眯眼笑。

路遥知马力，日久见人心。

朋友要好，银钱少搅。

亲兄弟，明算账。

吃点亏，坐一堆。

衣服新的好，朋友旧的好。

人情应酬类：

见客莫退后，做客莫向前。

居家不会酬宾客，出门方知少主人。

在家靠父母，出门靠朋友。

主随客变，客随主便。

油多菜不坏，礼多人不怪。

上茶要浅，敬酒要满。

有礼无理三分赢，无礼有理七分输。

人敬三分礼，还人七分情。

吃请少到，送礼少要。

处世做事类：

一争两丑，一让两有。

让三分处事，退一步做人。

好汉不吃眼前亏。

施恩图报非君子，见义勇为是丈夫。

让人非我弱，守己任他强。

晚干不如早干，蛮干不如巧干。

生气要假，做事要真。

善用人者能成事，能成事者善用人。

搓绳莫松劲，做事别分心。

得放手时须放手，能饶人处且饶人。

言谈话语类：

做事循天理，出言顺人心。

好话是开心钥匙，好脸是为人本钱。

说话人短，记话人长。

莫道舌头扁，须听话尾圆。

俗话不俗，丑话不丑。

一面墙垒不起，一面话听不得。

吹糠见米，说话见底。

好药敷在疼处，好话讲在明处。

腿快失足，嘴快失言。

蠢人心在舌头上，能人舌头在心上。

时政谚

这里所谓的“时政”指的是时事政治。“时政谚”指的是反映一定时事政治的基本经验与规律的那些谚语。在各类谚语中，“时政谚”具有最突出的政治性与时代感。

“时政谚”之下，还可再分若干类，如下所示。

国家民族类：

有源才有水，有国才有家。

人有人品，国有国尊。

一寸山河一寸金。

树无枝干哪有花，人无国土哪有家。

政通人和，国泰民安。

家不和该穷，国不和该亡。

国事急如星火，民心重于泰山。

宁做丧家犬，不做亡国奴。

舍命才算真豪杰，爱国方为大丈夫。

群雁无首不成行——福建谚

官民政军类：

近厨得食，近民得力。

做官多栽花，辞官好吃果。

寸心不昧，万法皆明。

王法明，国运兴。

离了箍木桶散，离了法人群散。（白族）

立武能威众，诛恶为安邦。

无文不振，无兵不刚。

风平浪静不丢桨，国泰民安不丢枪。

贫富敌我类：

穷村有富户，富村有穷人。

人不都是一样人，路不只是一条路。

富人四季穿衣，穷人衣穿四季。

坐轿哪管抬轿苦，饱汉不知饿汉饥。

莫馋富人，别嫌穷人。

绵羊九十九，加上娃子是一百。（彝族）

有山就有水，有人就有鬼。

疯狗身上没好肉，恶人肚内没良心。

一人作恶，万众遭殃。

人有三分怕虎，虎有七分怕人。

世态风尚类：

生命苦短，世事无常。

人情似水分高下，世事如棋局局新。

人情薄如纸，世态冷若霜。

贫居闹市无人问，富在深山有远亲。

人跟势走，狗跟屁走。

清酒红人面，财帛黑人心。

好花不常开，好景不长在。

人比人，气死人；命比命，气成病。

休仗时来势，谨防运去灾。

黄河尚有澄清日，人生岂无得意时。

生活谚

这里所谓的“生活”指的是社会日常生活。“生活谚”指的是反映广大民众平常“过日子”的基本经验与规律的那些谚语。

“生活谚”之下，还可再分若干类，如下所示。

春游天台，秋游雁荡——浙江谚

衣食住行类：

穿衣吃饭，随方就圆。

男要俏，一身皂；女要俏，一身孝。

光棍卖俏，全凭鞋帽。

宁可三日无荤，不可一日无菜。

少吃香，多吃伤。

早吃饱，午吃好，晚吃少。

金窝银窝，不如自家的草窝。

瓦房漏，一条线；草房漏，一片片。

晴带雨伞，饱带饥粮。

行船跑马三分险。

婚恋家邻类：

易求无价宝，难得有情人。

家和万事兴。

妻贤夫祸少，子孝父心宽。

养儿一百岁，担心九十九。

三岁看大，七岁看老。

亲兄弟，明算账。

亲戚不共财，共财断往来。

远亲不如近邻。

一千买宅，八百买邻。

莫说山歌不值钱，山歌就是小姻缘——湖南·苗族谚

生老保健类：

要得小儿安，必定受饥寒。

葫芦吊大把不歪，小孩哭大无病灾。

体强人欺病，体弱病欺人。

嬉笑延年寿，烦恼遭病灾。

老人防怒，小儿防凉。

喜伤心，忧伤肺，思伤脾，怒伤肝。

三分医，七分养，十分防。

家有黄金用斗量，勿如送儿上学堂
——浙江谚

话出口是药，事闷心成病。

避风如避箭，远色似远仇。

药补不如食补，食补不如神补。

勤俭欲嗜类：

勤是摇钱树，俭是聚宝盆。

挣钱犹如针挑土，花钱恰似水冲沙。

学勤三年，学懒三天。

不怕笨，怕混；不怕难，怕懒。

有容德乃大，无欲心自闲。

笑脏笑破不笑补，笑懒笑馋不笑苦。

节食去病，寡欲延年。

安安乐乐就是福，平平淡淡才是真。

男怕懒，女怕馋。

贪酒多病，好色毁身，斗气玩命，争财丢亲。

风土谚

这里所谓的“风土”，是一个地方特有的自然环境（土地、山川、物产等）和风俗习惯的总称。

从某种意义上讲，谚语都植根于风土习俗。而作为谚语类别的“风土谚”，则专指反映某一地域特有风土民情的那些谚语。在各类谚语中，这是流行面较窄而乡土味最浓、欣赏及研究价值最高的一类谚语。

“风土谚”之下，还可再分若干类，如下所示。

最高的雪山是珠穆朗玛，最早的宫殿是雍布拉康——西藏·藏族谚

乡情乡土类（含爱乡、名胜、掌故）：

山不转水转，人不亲土亲。

美不美，乡中水；亲不亲，故乡人。

叶落归根，人老还乡。

洞庭天下水，岳阳天下楼。（湖南）

山东相，山西将。（山东）

青城天下幽，峨眉天下雄。（四川）

梁园虽好，不是久留之乡。（河南）

太湖八百里，山峰七十二——江苏谚

洞庭天下水，岳阳天下楼——湖南谚

先有潭柘寺，后有北京城。(北京)

若问老家哪里住，山西洪洞大槐树。(山西)

生在扬州，玩在杭州，

吃在苏州，死在柳州（旧谓棺木好）。

乡风乡俗类：

十里不同风，百里不同俗。

出门问路，入境问俗。

有钱没钱，剃头过年。

五十不架屋，六十不裁衣。（福建）

洞房三日无大小。

庆九不庆十。（谓寿庆）

小小年初一，大大元宵节——江苏谚

初一饺子初二面，初三合子往回转。（北京）

生吃蚂蚱热吃蛇，一方人信一方邪。（湖北黄州）

一梳从头到尾，二梳白发齐眉，三梳子孙满堂。（华北新娘梳头语）

乡产乡人类：

要吃醋，太原府。（山西）

平潭紫菜饼，皇帝办酒请。（福建）

吃着徽州毛豆腐，打烂嘴巴也不吐。（安徽徽州）

城隍庙里五香豆，九曲桥头张铁口。（上海）

镇江三大怪：陈醋放不坏，硝肉不当菜，面条煮锅盖。（江苏）

东北三大宝：人参、貂皮、乌拉草。

神池三件宝：莜麦、胡麻、大皮袄。（山西）

蕲春有四宝：蛇、龟、竹子和艾草。（湖北）

纸寿千年，宣州一绝。（安徽宣州）

四川不点状元，陕西不招驸马。（四川）

宗教信仰类：

三教一家。

和尚不问姓，道士不问名。

一气化三清。（道教语）

跳出三界外，不在五行中。（佛教语）

儒讲仁义礼智信，佛讲生老病死苦，道讲金木水火土。

一炷真香通信去，上圣高真降福来。

出家三天，佛在面前；出家三年，佛在西天。（湖北）

穷算命，富烧香，背时倒霉问阴阳。（四川）

吃素能成仙，牛马也上天。（浙江）

自然谚

“自然”是个多义词，这里特指“自然界”。作为谚语类别的“自然谚”，是指反映各种自然现象及其与人类关系的客观规律的那些谚语。

“自然谚”之下，还可再分若干类。

天文类：

天有三辰，地有五行。

农民不识天，一世无铜钿。

月半十六两头红。

大昴出来二昴赶，三昴出来亮了天。

月大十五圆，月小十六圆。

二十八九，月亮牵着太阳走。

天狗吃月要还原。

初九二十夜，月上月落二三更。

阳历闰年不闰月，阴历闰月不闰年。

小二小三，月牙冒尖；大二大三，月出一竿。

时令类（含节气、物候）：

春打六九头，遍地走耕牛。

清明断雪，谷雨断霜。

芒种忙忙栽，夏至谷怀胎。

立秋有雨庄稼丢，处暑有雨庄稼收。

白露身不露，寒露脚不露。

小寒大寒，冷水成团。

热不过三伏，冷不过三九。

青蛙叫天暖，燕子来养蚕。（浙江）

知了叫娘，麦子上场。（山西）

穷人不听富人哄，橡子开花撒谷种。

气象类（含物象）：

早上出薄云，中午晒死人。

早雾晴，夜雾阴。

潮起生风，霓现雨止——广东谚

久晴必有久雨。

南闪火门开，北闪有雨来。

早晚烟扑地，老天有雨意。

磉墩潮，风雨嚎。

月亮长出毛，大雨冲成潮。

斑鸠树上哭，当心稻场打湿谷。

东虹日头西虹雨。

年头干满仓，年尾干断粮。

地象类（含地震、潮汐）：

六畜不安，地震不远。

天变雨快到，水变地要闹。

井水起泡，谨防地闹。

鱼儿水中仰朝天，地底下面要颠翻。

红麻开花地震到。（宁夏）

四月八，台风发。（广东）

初三潮，十八汐。

夏至起东风，大雨趁台风。（广东）

海响推磨，咸水上坡。

小满水一碗。（福建，小满　涨小潮）

农谚

这里所谓的“农”，包括农、林及其副业。“农谚”是指反映农事，尤其传统农事、林桑及其副业活动的那些谚语。我国是农业大国，自古以农为本，反映农事的谚语浩如烟海，美不胜收。

“农谚”之下，还可再分若干类。

农本类：

百业农为本。

万物土中生，万事农为本。

种田万年基。

七十二行，庄稼为王。

天大地大，农夫为大。

不求人面求地面，只靠庄田莫靠天。

天上老龙，地下老农。

三年易考文武举，十年难成田秀才。

农家不种地，饿死帝王君。

没有村里泥腿子，饿死城里油嘴子。

农事类：

人哄地皮，地哄肚皮。

宁种山阳一个窝，不种山阴一面坡。

肥是劲，水是命。

种地不上粪，等于瞎胡混。

保秧如保命，留种如留金。

谷要稀，麦要稠，高粱地里卧小牛。

寸麦容尺水，尺麦怕寸水。

谷黄种麦，麦黄种谷。（山西）

稻熟一夜，麦熟一时。

三耕六耙九锄田，一熟收成抵一年。

苏常熟，天下足——江苏谚

园艺类：

一亩园，十亩田。

前门田里发财，后门园里发财。

生地茄子熟地瓜。

天旱不忘锄地，雨涝不忘浇园。

白菜种根，芥菜种心。

宁可园出草，不让篱笆倒。

果树不修剪，长大当柴砍。

桃三李四杏五年，枣子当年就还钱。

芍药打头，牡丹修脚。

月季不剪枝，来年花朵稀。

林桑类：

金山银山，不如林山。

三年人养树，百年树养人。

山上开荒，山下饥荒。

春栽早，雨栽巧。

一亩桑园，十亩庄田。

松树岭，杉树洼，栎树要栽顺坡爬。

正月栽竹，二月栽树。

屋后不插柳，房前不栽松。

清明断刀，谷雨断挑。

树林要管好，莫打林中鸟。

畜牧渔猎类：

一头牲口，半分家当。

冬来不喂牛，春上急白头。

牛要放，猪要胀。

一口青草一点血，一口黄豆一点力。

乏牛不卧，卧牛不乏。

寸草铡三刀，无料也上膘。

独鸡肥，独鸭瘦。

上坡骡子下坡马，平地驴子不用打。

糟糠出猪，粪草出鱼。

飞打嘴，站打腿。

副业类：

栽桑种桐，永世不穷。

清明孵蚕子，立夏见新丝。

种桑三年，养蚕一世。

羊吃磨牙草，一天九个饱——宁夏谚

采桑养蚕不偷闲，四十五天变现钱。

惊蛰不放蜂，十箱九箱空。

一阉猪，二打铁，三钓黄鳝四捉鳖。

慢拉虾，紧拉鱼。

上山挖药材，拾钱是捎带。

编筐织篓，全在收口。

稻谷一碗饭，席草三碗饭。

工商谚

这里所谓的“工商谚”，是指反映传统工商运营业经验与规律的那些谚语。我国自古以农立国，重农抑商，正因为如此，独具特色的“传统工商”，哺育出了极富中国特色的“工商谚”。

“工商谚”之下，还可再分若干类，如下所示。

商贸类：

七十二行，商是桥梁。

要得发，生意绞庄稼。

砖多砌墙，钱多开当。

南京到北京，买的不如卖的精。

一回卖馊饭，十回饭卖馊。

生意三宝：人缘、门面、守信好。

买主是父母，和气生钱财。

本小利大利不大，本大利小利不小。

一场洪水三滩沙，一个集市三种价——贵州谚

人情可送马，买卖不饶针。

货有高低三等价，客无远近一样亲。

百作类：

腰缠万贯，不如薄艺在身。

家有千金不为富，人无一艺常受穷。

人上一千，五艺俱全。

艺多不压身。

长木匠，短铁匠。

九佬十八匠，行行出状元。

宁舍爹和娘，不舍臭皮行。

木匠难盖八角楼，铁匠不打钓鱼钩。

六月竹席匠，朝中的宰相。

篾匠要三得：站得、蹲得和坐得。

工矿类：

工厂四宝：水电油煤不可少。

紧车工，慢钳工，不紧不慢是电工。

矸石露了脑，下层是煤宝。

烧炉要三白：火白、烟白、炉渣白。

蓝锌黑铅，萤石上浮铜沉淀。

在硔焦头重，无硔泥巴轻。（云南个旧）

人活一口气，窑好一股风。

下井三件宝：矿灯、胶鞋、安全帽。

不见老鼠，就出老虎。

井下见老鼠，胜过贴神符。

运输类：

挑出的肩，走出的腿。

卖唱的靠口，背脚的靠走。

箩索四根系，有吃没得积。

世间三般苦：挑脚拉纤打豆腐。

河路汉吃饭拿命换。（山西）

三田不如一店，三店不如一船。

赶车三年知马性。

丁字拐，两边甩；遥遥坡，慢慢梭。

助牛不如打牛，打牛不如上油。

行号类：

匠心随所欲，着手便成春。（花木店）

由此登堂入室，任君步月凌云。（鞋铺）

舞台小天地，天地大舞台。（戏院）

但愿世间人无病，何愁架上药生尘。（药铺）

悬将小日月，照彻大乾坤。（眼镜行）

一尘不染，万法皆空。（寺院）

虚心成大器，劲节见奇才。（竹器店）

虽然毫末技艺，却是顶上功夫。（理发馆）

生意兴隆通四海，财源茂盛达三江。（商号）

桃李满天下，春风遍人间。（学校）

文教谚

这里所谓的“文教谚”，指的是反映文化、教育等社会人文活动的经验与规律的那些谚语。我们这个历史悠久的文明古国，具有尚文重教的优良传统，反映到“谚海”里，使得“文教谚”既有丰厚的文化积淀，又有多彩的传承风姿。

“文教谚”之下，还可再分若干类。

文史类：

言为心声，文如其人。

文人斗才，牛斗角。

闲坐不如熬文。

道林三百众，书院一千徒——湖南谚

镜可照脸，古可知今。

前人不讲古，后人不识谱。

羊不耐雨，古不耐查。

兴看唐，亡读宋。

文无定法。

人贵直，文贵曲。

乱世修城，盛世修志。

教育类：

十年树木，百年树人。

苗荒荒一春，人荒荒一世。

小时不育，长大成弯木。

做大不尊，带坏门生。

言教不如身教。

误人子弟，如杀人父兄。

浇树浇根，教人教心。

严父出孝子，严师出高徒。

三岁学，不如一岁择师。

赌场边浪荡多，学堂边秀才多。

艺术类：

一处投师，八方学艺。

人生多坎坷，艺海更艰难。

不像不成戏，太像不成艺。

世上有戏上有，世上怪戏上丑。

曲不离口，拳不离手。

神不到戏不妙，眼能想心能笑。

泼墨似水，惜笔如金。

画人难画手，画树难画柳。

人怕笑，字怕吊。

名画要如诗句读，古琴兼作水声听。

体育类：

习武德为先，有术身自安。

一日练得一日功，十日不练百日空。

手是两扇门，全靠腿打人。

宁练筋长一分，不练肉长一寸。

一寸长，一寸强。（武器）

牌无大小，凑巧就好。

三着不出车，满盘都是输。

宁失一子，不失一先。

人体三宝：精、气、神。

高跷不怕高，
就怕不直腰——山西谚

人到意到，意到气到。

医药类：

医者父母心。

用药如用兵。

千方易得，一效难求。

小小偏方治大病。

外不治癣，内不治喘。

西医治人的病，中医治病的人。

天下药，治天下病。

人参杀人无过，大黄救命无功。

药吃有缘人。

是药三分毒。

第五章

谚语的鉴别、采集和研究

谚语的鉴别

田里稻子分高低壮弱，既有稗子混杂其间，也总长些瘪谷粒儿。谚语同样也会混杂一些“稗子”、“瘪谷”，存在良莠不齐的现象。

导致谚语“良莠不齐”的主要原因有五：一是阶级偏见。上文已谈了不少，这里不再多说。二是时代变迁。反映特定时代意识形态的谚语，时代变迁后成了“老皇历”，陈旧失色，不宜再用。三是生成局限。谚语毕竟来自百姓的经验总结，而经验并非全都科学，难免局限。四是流传残缺。人们使用时的随意失口，以误传误。五是发展必然。“事物发展不平衡”是普遍规律，正如谚语所说“十个指头也不一般长”。

鉴别谚语优劣的方法很多，而最普通的则是分等论级，或曰“分门别类”。为此，我们不妨将它分作几类：

1. 妙谚

“妙谚”指的是思想性、艺术性达到高度的完美统一，精妙绝伦的顶级谚语。这类妙谚为数不多，但最招人喜欢，影响最广。如："河有两岸，事有两面"、"有容德自大，无欺心常安"、"酒杯虽小淹死人，筷子不粗打断筋"、"行有分寸错误少，食无节制疾病多"、"事能有足心常乐，人到无求品自高"、"没关系就有关系，有关系就没关系"、"傻瓜心在嘴里，智人嘴在心里"（达斡尔族）等。

2. 常谚

"常谚"就是通常的谚语，兼具思想性和艺术性，这是数量最多的一类。如："富致忧，贵生险"、"能人计多，憨人气多"、"说话的人短，记话的人长"、"泰山不是堆的，牛皮不是吹的"、"酒吃仁义肉吃味，饭吃多了打瞌睡"等。

3. 病谚

"病谚"指的是有明显缺陷、益少害多的谚语。它残留着旧时代的旧意识、旧世风，或者反映新时代的落后思想、不良行为。如："好死不如赖活着"、"穷莫与富斗，富莫与官斗"、"饿死莫离山，穷死不告官"、"家有三斗粮，不当孩子王"、"闲时多玩，闲事少管"、"有权不用，过期作废"等。

4. 劣谚

"劣谚"指的是那些违反科学、危害社会、宣扬邪恶、毒害善良的坏谚语。它无异于软刀子杀人，是一种披着谚语外衣的"精神污染"，乃至"精神犯罪"。它为数不多，但危害极大。如："人不为己，天诛地灭"、"女属羊，死爹娘"、"女人颧骨高，杀夫不用刀"、"春雨甲子，赤地千里；夏雨甲子，沉船入室（犯甲子）"等。

5. 其他“非谚”类

“非谚”，即不是谚语。判断谚与非谚，至少包含三层意思：

一是分辨谚语和它的近邻——俗语、成语、格言、歇后语、歌谣、惯用语、宣传语、行业语，以及本书后面要讲的谜语等。

二是分辨谚语和个别人有意无意的仿冒之作。如：“信息信息，科技第一”、“修旧利废，大有可为”、“不竞不争，不成生意”、“信誉是种子，效益是果实”、“阳台养花不在多，在美在色在调和”、“报纸一登，销路大增；电视一晃，黄金万两”等。

三是分辨谚语和还在“发育”有待定型的“准谚语”。如：“计划生育，利国利民”、“无农不稳，无工不富，无商不活”、“一分生意，八分情义”、“信息是桥梁，购销两头旺”、“麻痹出事故，防范得安全”、“隐患险于明火，防范胜于救灾”、“一棵大树能制造千万根火柴，一根火柴能烧毁千万棵大树”等。

鉴别谚语，判断谚与非谚，是为了加深对谚语的全面理解，提高使用谚语的效能。这并不是说只有谚语才好，不是谚语就不好、就不用。其实，谚也罢，非谚也罢，就像木匠的斧子、锯子、凿子、刨子，各有各的用途，需用什么，什么就好。谚语说“用得着是宝，用不着是草”，讲的就是这个理儿。

历史上的谚语采集

据传，尧、舜二帝在位时，很关心百姓疾苦，经常通过各种途径了解民意民情。

史书上记载：尧立进善之旌，诽谤之木，政有缺失，民于木书之。这话的意思是：尧帝欢迎老百姓关心国家大事，专门在王宫前挂旗子、栽木桩，政府有什么缺点问题了，百姓就直接往上写意见。“诽谤之木”称“谤木”。于是，历史上把这一举措称为“谤木之制”。

当时百姓写在“谤木”上的意见用了许多“谚语”。可以说，是这个“谤木之制”，揭开了我国谚语采集的序幕。

在周朝，国家推行“学在官府”的制度，读书、教书、著书、出书都仅限于奴隶主、贵族及其“官府”等社会上层，奴隶、平民只能当大老粗。而一些较为明智的天子、王公，知晓“得民心而得天下”的道理，相当关注民怨，看重谚、谣，经常鼓励民众献谣进谚。可是，奴隶、平民这些大老粗，整天忙于生计，常常难以满足政府征谣集谚的要求。

然而，民意又不可不知。出于“安上治民”的需要，当时的统治者们不满足于坐等民众进献谚谣，就设法“听谚言于市”（见《战国策·韩策一》），派官员四处“采风”。《礼记·王制》就写道：“天子五年一巡狩……命太师陈诗，以观民风。”可见“采风”的目的在于帮助“天子”了解风土民情。

从史料上看，当时的“采风”内容，谚、谣占了极大比重。《周易·泰初九》有一谚“拔茅茹，以其汇”，意思相当于后来的“锄草不除根，来春又发青”。《周易·泰九三》有一谚“无平不陂（bēi，音卑），无往不复”，意思是没有平地就没有陂陀（不平坦），没有出去就不会有返回。这些谚语，从农事，到家庭，到哲学思维，涉及面很宽，说明当时的谚语采集已相当广泛。

时至西汉，汉武帝更是专设“乐府”，开创了“大规模采风”的先河。这一举措对当时及其后历代王朝，影响很大。如《后汉书·郅寿传》就载：“圣王辟四门，开四聪，立敢谏之旗，听歌谣于路。”《循吏传序》也说，当局“广求民瘼，观纳风谣，故能内外匪懈，百姓宽息”。

如果说，先秦至西汉的谚语采集还偏重“陈风”之需，仅限于朝廷“观民风”之用，那么，时至1800年前，东汉的一位叫崔寔的学者，则破天荒独家采集当时流行的农谚，辑成《四民月令》一书。此人成了迄今所知世界上最早的农谚采集家，此书也成了最早的谚语专集。

从这以后，三国时的吴国人陆玑著《毛诗草木鸟兽虫鱼疏》，北魏时的贾思勰著《齐民要术》，元朝娄元礼著《田家五行》，明朝徐光启著《农政全书占候篇》，清朝梁章钜著《农候杂占》、祁隽藻著《马首农言》，纷纷跟着崔氏足迹，深入采集农牧生产谚。

一般认为，全面采集生产谚、社会谚等各种谚语，陆续兴起于北、南两宋，兴盛于明、清两朝。

宋人龚颐正的《释常谈》、周守忠的《古今谚》，可谓现存我国最早的谚语大观。在这以后，明人杨慎的《古今谚》、郭子章的《六语》、沈株宏的《谚谟》、宋雷的《西吴里语》、

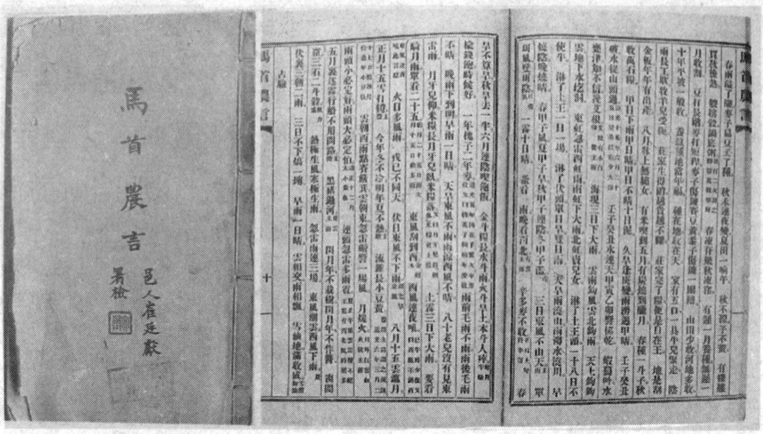

《马首农言》封面图和内文　博继春摄

清人杜文澜的《古谣谚》、曾廷枚的《古谚谭》、汤斌的《常语笔存》、易本烺的《常谈搜》、毛先舒的《谚语》、钱大昕的《恒言录》、翟灏的《通俗篇》、梁同书的《直语补正》、林伯桐的《古谚笺》、吴獬的《古谣谚》、吕联琳的《恒谚记》、毛奇龄的《越语肯启录》、胡文英的《吴下方言考》、王有光的《吴下谚联》、张文虎的《俗语集对》、范寅的《越谚》等，堪称明、清五六百年间谚语采集、研究的杰出成果。

从清朝末年到民国年间，谚语采集的成果，无论是“量”还是“质”，都大大超越了前人。李鉴堂的《俗语考源》、史襄哉的《中华谚海》、范啸天的《歌谣大全》、朱雨尊的《民间谚语全集》、孙楷第的《宋元明清四朝谚语类辑》、顾颉刚的《吴谚集》、夏云的《中华农谚》、费洁心的《中国农谚》、陈卓民的《中国气象谚语集》等，就是这个时期谚语走向现代采集的代表之作。据那时的谚语学者曹伯韩先生统计，短短一二十年，各省出版的谚书就不下三四十种。

以五四为契机的新文化运动，风起云涌，席卷全国。伴随如火如荼的新歌谣运动，谚语的采集逐步形成了规模。

当代的谚语采集

历史上的谚语采集，成果喜人，极为珍贵。然而，限于历史条件，因而数量不多，传之于今的知名专集，充其量不过二三十种。其内容也欠全面，多涉农牧、自然，社会谚较少。

新中国成立以来，个人、集体采集谚语的人次和数目，难以尽言。其中，最应该大书特书的是 1984 年至 1989 年为汇编《中国谚语集成》而进行的全国性谚语大普查和大采集。

这次普查采集，发动了全国 30 个省（自治区、直辖市）及其所辖地、市、县以至乡镇各级，人次上百万，历时 6 年多，对各地、各民族、各行业、古往今来的谚语资源，进行涵盖面超过 90% 的大普查。普查人员反复详查，有闻必录，将到手的谚语统统采录下来。据不完全统计，各地笔录在卡、在册，以及汇辑成本的谚语资料，经“去重汰非”，总计约达 250 万条（含少数民族谚语）。

以《中国谚语集成》为标志，当代中国的谚语采集，终于跻身世界谚语采集的前沿。谚语的搜集发展到了全方位、大规模的谚书编纂：从单类集子，到综合选编；从一般汇编，到分类诠释；从古谚寻源，到今谚集锦；从汉族谚语荟萃，到各族以至中外谚合璧；从个人搜集遴选，到国家普查集成，不断有新书问世。据不完全统计，新中国成立以来 50 余年间的成书，加上其他书中的大批量汇集，共达 300 多种，大大超过了千百年来谚语采集成书的总和。

当代中国的谚语采集，有三大突出特点：

1. 入书量大

农业出版社1981年版《中国农谚》，收谚30多万条。甘肃人民出版社1981年版《中国谚语选》，收谚近4万条。中国民间文艺出版社1983年版《俗谚》，收谚4万条。甘肃少儿出版社1991年版，杨亮才、董森编《谚海》，收谚15万条，创个人编纂谚书之最。

名列中外古今谚书之最的国家重点科研项目《中国谚语集成》，纵贯三个五年计划，历时二十多年，广集全国各地各民族古今谚语之“大成”，分省成册，共30卷（台湾卷暂缺），收谚40多万条。

2. 涵盖面广

近五十年来，我国谚语采集编纂彻底走出了传统谚书的狭小视野，除农牧、气象谚外，进而广涉现代社会工、农、兵、学、商、文、史、哲、经、政等各个领域，琐细到各行各业及其末梢局部。

如1980年电子工业出版社的《中华武术谚语》，1984年青海人民出版社的《中国蔬菜谚语选注》，1985年四川民族出版社的《中国少数民族谚语选》，上海文艺出版社的《戏谚一千条》，1987年江西科技出版社的《动物谚语辨》，1989年黑龙江科技出版社的《经商谚语》，四川人民出版社的《益寿谚语》，军事科学出版社的《军事谚语与格言》，1991年中国广播电视出版社的《传统谚联增广》，1992年山东教育出版社的《作文常用谚语歇后语》，1996年四川科技出版社的《垂钓谚

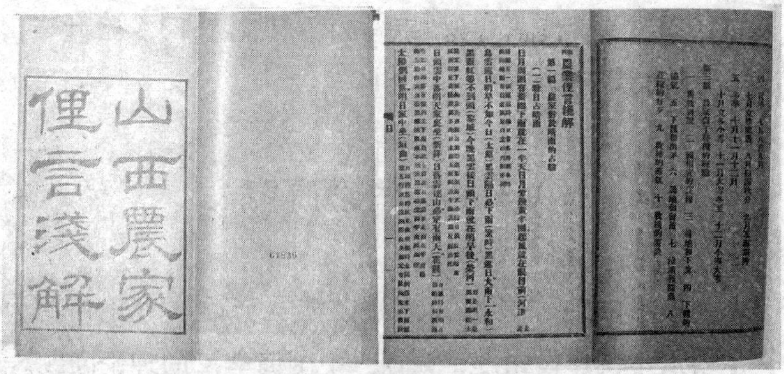

《山西农家俚解》内封和内文　博继春摄

语精释》，冶金工业出版社的《安全环保警句谚语集》，1998年辽宁人民出版社的《棋谚指要300例》等，广涉各个领域。

3. 理论性强

走向成熟的谚学理论，指导着新中国谚语的采集编纂。而规模空前的谚语采集编纂，又反过来大大促进了谚学理论的发展。

半个世纪的理论成果，集中体现在《中国谚语集成》的编纂之中：

普查——积累了实闻实录、以谚引谚、谚注并查、异变互照、查漏补缺等经验；采录、鉴别、筛选——以成功实践确立了科学性、全面性、代表性“三性”原则；分类——为廓清以往分类过简、过繁、过杂、过乱等诸多弊端，构建了“大、中、小、串”四级框架；谚条排序——总结了聚串法、凤头法、类靠法、照应法、自注法（以谚注谚）等技巧；注释——创造了“可无不有，可少不多，应有尽有，应详尽详”十六字诀；全书统筹——设计出独特的“集成模式”，凡例、序言、后记、目录、款式、插图、附录等，均自成一体，各就规范。

这些貌似零散的工作成果，包含着规律性的经验升华，是谚学理论的有机组成部分。

谚语的理论研究

以上讲谚语的采集编纂，已经涉及谚语的理论研究。这里，主要从学科建设角度，谈谈“中国谚学”的理论问题。

前面讲谚语的性质定位时说过，“谚语”是“熟语”中极其重要的“特殊语汇”，是任何其他“熟语”所难与之相比的“文化语汇”，是毋庸置疑的“文化大百科”。严格地讲“谚语学”与“谚学”不宜混为一谈。前者仅从“熟语”角度进行研究，有如研究词汇学、语义学、语用学、修辞学那样，研究谚语之“语”；后者则是从“大文化”角度进行研究，广泛研究“谚语”的文化属性。也就是说，“谚学”除了研究谚语自身外，还全面涉及它与心态文化、物态文化、制度文化、行为文化等诸多文化事象的关系。

因此，从学科体系讲，“谚学”不宜完全归入“语言学”或“文艺学”，而应基本隶属“文化学”范畴，起码应与“语言民俗学（语俗学）”、“语言文化学”或“民间文化学”等相类。

由于历史、现实等诸多原因，我国谚语研究底子薄、起步晚、进展慢，迟迟未能建立起独自的学科体系。时至清末民初，“谚语”仍未能作为一门独立的学问，给予成体系的理论研究，而大多出自采集运用之需，着眼于广义俗语的角度，做些“寻源”、“考释”性探讨。

1919年，五四新文化运动风起云涌，席卷全国。伴随如火如荼的新歌谣运动，不仅谚语采集形成了规模，而且还开始了系统的谚语理论研究。以大批学者纷纷起而著文立说为标志，揭开了我国现代谚语理论研究的序幕。1921年郭绍虞发表的《谚语的研究》，1925年杜同力发表的《关于谚语的报告和说明》，1935年曹伯韩发表的《谈谚语》，1937年钟敬文发表的《农谚序》，1942年黎锦熙发表的《谈谚语及中国大辞典》，1947年朱介凡发表的《论中国谚语的格调》等，都可谓新中国成立前谚语理论研究的前沿成果。

新中国成立后，尤其是改革开放以来，谚语研究以空前的规模获得了空前的硕果。50多年间，全国各地出版的谚语类书籍、论著，发表的文论、杂谈，数以千计。

总之，在“中国谚学”的学科建设上，无论谚书编纂，还是谚论研究，都已突破传统的“熟语”视野，而广泛着眼于大文化层面的“谚学”探讨。不少文论，已明确称谚语是“哲学宝库”、“特殊的政治文化”、“民间文化之海”以及“永远的生活教科书”，把“谚学”堂堂正正推上了大文化的宝座。

在国际上，近、现代谚语理论研究，自“谚语学”进而“谚学”研究，较早地取得了一些成果。据《世界谚语百科全书》介绍，早在1874年，英国学者艾伦就出版了《谚语民俗学》；1924年，美国学者布朗出版了《格言谚语中的中国人的哲学》；1926年，美国学者克里弗德继而出版了《中国谚语所揭示的中国人的宗教生活》；1945年，美国学者出版了《十一种宗教及其谚语知识》；1981年，非洲学者吉拉德出版了《班巴谚语和赞比亚人道主义的比较与关系》；1984年，西班牙学者伊希拉出版了《西班牙谚语：西班牙文化与文明一览》等。这些研究，对我国谚语研究都不无影响。当然，这些“谚学”成果还都处于初级阶段。

现在，我们高兴地看到，经过我国广大谚语学者的多年辛劳，业已初步构筑起“中国谚学”的理论框架。这一框架，在谚语自身研究方面，尤显成熟；在谚语的文化属性研究方面，也正以浓厚的中国特色和优势，跻身世界谚学之林。

第六章

谚语的审美欣赏

世界上的万事万物，普遍地同时存在“真善美”与“假恶丑”。一般讲，“审美”是指辨认、摈弃“假恶丑”，领会、欣赏“真善美”的行为与成效的总和。特殊讲，“审美”专指领会事物和作品的“真善美”。

尽管如前所讲，谚语也“良莠不齐”，需要认真加以鉴别，但它毕竟是千万民众的集体创作，“好谚”、“佳谚”无论如何也位居“谚海”的主流或主体。这里，我们仅从“特殊审美”角度，重点欣赏谚语的“真善美”。

渊博美

所谓“渊博”是说学识“深”而且“广”。

谚语的“渊博美”来自前面所讲谚语的“精练性”特征，是说它在最少的言辞里，包容最渊博的内容。言里言外，论虚论实，本意寓意，正面反面，无不显现出它非常“体小而思精”，学识之“渊博”，为其他“现成话”所远难企及。

谚语的“渊博美”可从以下四方面看：

第一，从纵向看，它是最完整的民众智慧经验的通史。

谚语伴随着语言的诞生，记录了从原始社会到现今的人类社会的基本智慧与经验。《诗经小雅》有“上天同云，雨雪雰雰”、“月离于毕，俾滂沱矣”两谚，分别以云和月占雨。它们已见书两三千年，形成的时间应该还要早得多。南宋诗人杨万里曾说：“古有亡书，无亡言。”他说有些古“书”失传了，但口耳相传的古“言”论，却没有“亡”掉。此话不假。自古以来的各个历史时期，都有许多谚语一直流传到现在。

第二，从横向看，它是最广阔的民众智慧经验的海洋。

谚语广集了东、西、南、北、中，各族各界，各行各业，长幼尊卑，俗雅智愚，所有社会成员的智慧与经验。整个社会生活、生产斗争、阶级斗争和科学实验，方方面面、里里外外，谚语无所不包，应有尽有。前面讲谚语类别，分了十个大类。其实，大类之下还可以分数十、上百个中类、小类。这些谚类，遍布全社会，三百六十行各个角落。换句话说，整个社会的智慧经验，都凝聚到谚语里来了。还有什么书、什么现成话，比它更“渊博”呢？

第三，从质量看，它是最精粹的民众智慧经验的宝藏。

数千年来，“谚海”不停地大浪淘沙，存优汰劣，积淀着古今各族民众成熟智慧经验的结晶，真正拥有世间学识的“深”加“广”——渊博。如：见于《周书》的“前车覆，后车鉴”，见于《老子》七十三章的“天网恢恢，疏而不漏”，见于《论语·宪问篇》的“不在其位，不谋其政”，见于《孟子·离娄上》的“顺天者存，逆天者亡”，见于《楚辞卜居》的“尺有所短，寸有所长”，见于《战国策·赵策一》的“前事之不忘，后事之师”等，经千百年检验洗礼，屡试不爽，历久弥新，仍旧为人们心悦诚服，奉若准绳。这类民众学识的“渊博”，显现出无比的生命力，可令任何个人的渊博学识相形见绌。

第四，从数量看，它是最浩大的民众智慧经验的“全书”。

在所有“现成话”中，谚语数量遥遥领先，位居第一。据20世纪80年代全国谚语大普查，全国56个民族至今流传在口头上的谚语，至少也有300万条（含异文、变体）。众所周知，广泛搜集词语的词典、字典，通常只收词数千上万；《简明不列颠百科全书》（汉译本）收7.1万余条；《中国大百科全书》收词目7.8万条；《辞海》收词语10万余条；迄今最大的汉语语文词典《汉语大词典》收词目37万。而谚语“300万”是个天文数字，使所有的“现成话”以及网罗学识的各种宝典都望尘莫及，真正无愧于“全书”称号。

综上所述，“渊博”是谚语的第一美。试看古谚“殷忧启圣，大难兴邦”：“殷忧”指殷鉴，“圣”古时指君王。这句古谚说殷人灭夏，殷的子孙，特别是君王，可以在夏朝的灭亡中得到教训。在“大难”中卧薪尝胆，也能使国家中兴。古谚寥寥数语，高度概括殷人灭夏那段浩阔的历史更替，揭示了从君王到百姓都应该记取的立身处世法则。谚语抒情言理，说古论今，教人受用不尽。

乡俗美

“乡俗美”是说谚语发源、发展、传承都涉及乡风民俗。许多谚语饱含着泥土的芳香，内容纯真，形式厚朴，不尚雕饰

而自然纯粹，俗蕴雅，雅透俗，雅俗璧合，乡风袭人。例如谚

编筐编篓，全在收口　王建芬 摄

语“长江是挣子，淮河是败子”，寥寥数语，集中而突出地道出了千百年来，“饱享长江之惠、深受淮河之害”的千万百姓的共同心声，一褒一贬，一喜一悲，多么情真意切，说“江”论“河”，言“挣”道“败”，字字入土随乡。

谚语“东选西选，选个破油灯盏”，普遍流传于四川城乡。意思是过分挑选，要求太高，最后反而落得最糟的结果。昔日没有电灯，四川百姓只能用“油灯”照明。而“油灯”分若干种，“灯盏”已属平常，“破油灯盏”则更糟糕。此谚以传统的常见乡俗用品，借代最糟结果，最能激起乡间听者的共鸣，也易于让外乡听者领略川谚的乡土风格。

谚语“磨齿大了不压麸”采自河南信阳。全国大部分地区产小麦，而河南是最富特色的小麦之乡，种麦、磨面是当地农

春分不耙，遍地坷垃　郭悱 摄

民的日常劳动。以“磨齿”大小影响磨面质量来言理，最能反映豫中农户的生活和心理。在其他非小麦产区，难以听到这条谚语，即使偶然听到，也不会有在河南的乡俗感受。

蒙古族谚语“绵羊蹚过的河水，饿狼也要舔一舔”，草原牧场的乡土气息即表现在字面修辞，“绵羊蹚水”与“羊狼共舞”是草原牧场的独特风景，以此描绘当地乡土最有代表性。“绵羊”是牧民的生存依托，而“饿狼”是绵羊的天敌，“狼害”威胁着牧民的生存，以此表达牧民对“贪得无厌”的人的认识和申斥，最具典型性。

浅近美

“浅近美”是指深入浅出之美。任何高深、抽象的道理，复杂、纷繁的世态，到了“谚海”都会变得异常浅近，无不让

六月六，看谷秀　顾棣 摄

人说得畅快，听得明白，记得牢靠，传得久远。这是语言艺术的极高境界，让其他一切语言黯然失色。

“跑不过雨，讲不过理”、“认理不认人，帮理不帮亲”，这两条说“理”谚语，都像在聊家常一样。前者以再浅显不过的“跑不过雨”做比方，说谁也“迈”不过“理”。后者则直截了当，连用两个“理”字，说既要在看法上“认”理，还要在行动上“帮”理。内容千真万确，字面却明白如话，就连乡下的老弱妇孺以至文盲，也一听就懂。

“人往高处走，水往低处流”、“不怕山高怕脚软，不怕人穷怕志短”，这两条讲“立志”的谚语，用最浅显的生活常理，讲说某些人难免忽略或忘记的生活真谛。“人”走“高”，“水”流“低”，这是天造地设的；而“山”高是不会再长高

一世为民，一日为官　李兆祥 摄

的“死”山，“人”穷则是可以变富的“活”穷。两谚就这样生动地讲解“志”字，从应该立志，到有志事成，只三言两语“浅”说一番，就让曲里拐弯的“理”一清二楚了。

“一碗水端平”、“一字两头平，看秤要看星”，这两条谚语是讲“办事要公平”。在日常生活以至经济、政治生活中，人们对“公平”常有多种解释，对待“公平”更是标准不一。那么，难道世界上还有两个或许多个“公平”吗？没有！请听谚语的明确回答：“公平”就像“一碗水”，就像“一”字，要不让“水”洒出来那样“端”，要在“一”字那样“两头平”时认定秤星。人们纠缠不休的“公平”难题，到了谚语里是多么浅近透明！

“有病莫瞒医，瞒医害自己”、“做贼瞒不了地方，打屁瞒不了裤裆”，这两条谚语是讲“有事瞒不住”之理。前者就像医生在和病人谈心，不像谆谆告诫，倒像在聊家常。后者严肃警告“顽贼”，但并不声色俱厉，而是以“打屁”做比方，寓庄于谐，说浅言深——“做贼”要瞒“地方”，就像“打屁”要绕过“裤裆”一样，绝对办不到。以如此“浅近”之言，巧收意藏“深远”之效，非谚语不可。

唱戏讲牌面，盖房讲门面　郭悱 摄

羌族谚语“看到狮子露牙齿，切莫以为它在笑”和回族谚语“甜言无牙齿，能咬断骨头”，都是讲“要透过现象看本质”这一哲学原理。此“理”比较抽象，难以理解，常被遗忘。为了把它说得人人能懂，两谚各自描绘出惟妙惟肖的生动画图。幼童看图识字，易收“浅近”之效，同样成人“看图”明理的“浅近”效果，也存在于一目了然、过目不忘之中。

浅近美，普遍存在于谚语之中。类似上述言浅意深的谚语，如：“破竿一肚水，破棺（官）一肚鬼”、“贪多嚼不烂，屙出还是饭”、“说话不办事，等于老鸹（guā，音瓜）屁”、

“石头落水不会浮，银到官府不回头（壮族）”等，多得举不胜举。

雄辩美

“雄辩美”是指谚语普遍具有“公理”性权威，无须推证，就可以用做“法式”之言。“公理”就是人们公认不疑的道理。“法式”就是大家遵从的标准格式。“雄辩美”既“美”在刚正不阿，一视同仁，又“美”在颠扑不破，令所有人无不折服，顶级辩才也难以驳倒。

“胳膊肘拧不过大腿”、“巧舌头转不过腮帮子”，这两谚是讲凡事都有自己的限度，要超过限度去勉强做事，势必徒劳无获。如果抽象讲“限度”，既难以讲清，也难以听明，听明了也未必信服。用“胳膊”与“大腿”，“舌头”与“腮帮子”无须推证的“公理”关系，来说明抽象的“限度”之理，让它立即雄辩服人。

“山不碍路，路自通山”、“有上坡必有下坡，有进路自有出路”，这是讲事物“必然性”的两条谚语。事物具有必然性，这是不以人们意志为转移的客观规律。“山”与“路”，“上坡”与“下坡”、“进路”与“出路”的道理，人人都感受过，验证过，人人深信不疑。然而，人们平常很少把它和“必然性”的道理联系起来。通过谚语的艺术概括、形象表达，“必然性”之“理”就无比鲜明而感人了。

“人为财死，鸟为食亡”、“鱼因饵上钩，礼拉人下水”，两谚都在警示人们要“戒贪欲”。人们都讲“欲壑难填”，却仍旧有不少人贪欲不减。两谚用“鸟、鱼”而及“人”的无数教训，突出强调“欲念难当”——面对“食、饵”，鸟、鱼之“欲”难当，面对“财、礼”，人欲也难自制。事实胜于雄辩。两谚列举的“雄辩”之事，道明了“欲念难当”的雄辩之“理”。

“牙以刚折，舌以柔存”、“弓硬弦常断，人强祸必随”，这是两条讲“刚、柔”辩证关系的谚语。人们口头上总以“刚柔兼济”为信条，而行动上却常常处理不好“刚、柔”关系。其缘由，恐怕还在于对两者的辩证关系理解不透。两谚用“牙折、舌存、弦断”的铁的事实，对“刚、柔”关系作了雄辩的说明，让人心悦诚服，铭记不忘。

“有一利，必有一弊”、“有公就有私，有私就有弊”，这两条谚语是讲“利、弊、公、私”之间的辩证关系。两谚没有打比方，而是直接讲“理”，简洁而直白。两谚所以拥有“雄辩美”，正在于它们充满“自信”的直截了当——此理无须多言，信不信由你。这也正如谚语所说，“巧言不如直说，明人无须细讲”，谚语把听谚者当“明人”，听谚者定会自觉调动平时的经验积累，去证实自己所听不虚。交流时“说听互动”，让谚语的“雄辩美”大放异彩。

极言美

“极言美”是指这样一种独特的哲学思维：通过“极而言之”（故意把话说得极端一些），来强调所要讲的某一道理。乍一听，会觉得所言太绝对、太过分，甚至近乎荒唐；细一想，却又感到言之有理，再无意去钻牛角尖，自然而然地领悟，进而接受了它所要强调的道理。

这里的“极言”，并不导致“极端”，似非却是，妙不可言。“极言”主要有四种方式：

第一，故意“全”断。

说文雅些，就是滥用“全称判断”，强调全都如此，无一例外。这虽说太绝对化，在谚语里却不成问题，令人信服。如：“无风不起浪”，强调事出有因，而非唯“风”才“浪”。“无酒不成席”，强调筵席应有“酒”，而非每席必酒。“无商不奸，无官不贪”，强调“奸商、贪官”实在太多，但不会被人误解为一个良商、清官也没有。“天下无不是的父母”，强调子女要服管教，非说父母全对。

第二，故意“独”断。

为了强调某一重点，用“只有”来排斥其他一切可能。虽说太“独”断，在谚语里却显得理所当然。如：“世上只有妈妈好”，这是从童心角度而言。在谚语里，包括幼童在内，谁也不会理解为“爸爸不好”。“只有人间路，哪来世外天”，这种“独”断立足于特定的语言环境，是谚语的“极言美”，不会被人拿到“天体物理”、“宇宙学”里去较真儿。“只有劝嫖，没有劝赌”，意在强调“劝赌”难于“劝嫖”，并非说“赌博”不可劝、没人劝。“只有大意上当，哪见小心吃亏”，这是强调“大意”难免“上当”。听谚者都会从“力戒大意”理解，而不会误解为“小心”就一定不吃亏。

第三，故意“武”断。

为强调某条经验，不顾事物的复杂性，无视因果逻辑，故意妄下断言。在谚语里，这并不淆乱因果，反而令人称是点头。如："酒糟好，酒味也好；老娘好，女儿也好"，这个"武"断，具有传统"血统论"色彩，但听谚者绝不会旧谚旧听，而会从"老娘对女儿影响太大"去理解，较之非极言的"栽花傍墙，养女像娘"，"武"断得多，却更具感染力。

"有其父必有其子"，这与上谚异曲同工。不同的是，它"武"断的是"父"与"子"，反映了中国传统家庭教育的严格分工，似乎父母对子女的影响，只存在于互不相关的两条渠道。听谚者谁也不会做如此误解，而只会记住"父母影响子女太深"。

第四，故意"偏"断。

强调某一方面时，片面否定其他方面，故意褒此贬彼。这种"偏"断，在谚语里不会被人误解为"片面"，反而觉得"偏"得自然、在理。如："舍不得孩子，套不得狼"，这一"偏"断，听谚者明知太过夸张，却都能欣然接受。如此过分强调"狼比孩子重要，反而把谚语的"极言美"推向了顶峰。"宁舍金一桶，不舍一碗种"，这条农谚意在强调种子的重要。一碗种子怎比"金一桶"珍贵？可人们却无不认同此说。此谚貌似太过夸张，实则千真万确。人可无金，岂可无粮？这道理，经过谚语一番"偏"断极言，更加深入人心了。"宁要傻子，不要浪子；宁要浪子，不要公子"，此谚表面上在说"公子"最糟糕，而实则意蕴三"子"都不好，只为特别否定"公子"，才故作"偏"断。对三"子"评价的分寸感，悄悄深化了人们对不同事物的认识，这也是谚语"极言美"的神奇所在。

歧义美

“歧义美”是一种饱含哲学意味的“矛盾美”。它是指谚义相反的谚语，居然可以同时流传，产生“势不两立却又安然两立”的奇效。

这里的“歧”，分以下三种情况。

第一，“真”歧。

因时、因地、因使用角度不同而“歧”。如：

“天下文章数浙江”与“天下文章在桐城”有歧。

“桂林山水甲天下”与“黄山归来不看山”有歧。

“绳要曲，言要直”与“心要直，言要巧”有歧。

“饭后百步走，活到九十九”与“饭后不要走，活到九十九”有歧。

“春雨贵如油”与“河套春雨愁”有歧。

第二，“假”歧。

谚语毕竟不等同于科学，常因文化背景局限，审视角度特殊或思维方式不同，而导致“正、误”偏颇之“歧”。如：

“祸从口出，病从口入”与“不干不净，吃了没病”有歧。

“境由心造，事在人为”与“生死有命，富贵在天”有歧。

“邪不胜正”与“道高一尺，魔高一丈”有歧；

“没钱万不能,有钱不万能”与“有钱能使鬼推磨”有歧。

“眼见为实，耳听是虚”与“耳后之言未必假，眼前之事恐有虚”有歧。

第三，亦“真”亦“假”自相歧。

此“歧”登峰造极，别含歧趣，谚语使用较少，而影响很深。如：“小河有水大河宽，大河没水小河干”，此谚讲“源流”关系，字面未免前后矛盾。但是，若分作“正、反”两向分析，则各有道理——小河难以存水，没有大河，随时都会干涸。为何拐个弯子呢？谚语本意是要强调“小局”服从“大局”，可谓“国家一文钱，百姓一滴汗”、“百姓一分力，国家一寸安”以及“锅里有，碗里才有”等谚之总和。只不过故意亦“真”（前句）亦“假”（后句不拐弯则假），自相矛盾，让听谚者通过“拐弯”，去放眼“大河”罢了。

“啥都有，不可有病；啥都无，不可无钱”，此谚中的“有、无”和“钱、病”，分明自相矛盾，却无人去追究，反倒觉得两说都很在理。其所以如此，是因为“病”和“钱”的有无，对于人们的“切身利害”太过紧密、重要，强调哪一头、强调到哪种程度，都不过分。谚语的“歧义美”就是这样迷人！

俗套美

“俗套美”是指这样一种创作手法：故作仿效，以“落俗套”之形，而传“壮文势”之神，让说者爽口、听者悦耳，从而更利于谚语创作、流传。如：

套“有A就（必）有B”：

有因就有果。有好就有坏。

有生就有死。有盛就有衰。

有成就有败。有福就有祸。

有晴就有雨。有利就有弊。

有得就有失。有富就有穷。

有麝就有香。

有进路就有出路。

有上坡就有下坡。

有卖的就有买的。

有一贵就有一贱。

有一多就有一少。

套“不怕A就（只）怕B”：

不怕路长，就怕志短。

不怕不长，就怕不长（zhǎng）。

不怕日短，就怕志短。

不怕无财，就怕无志。

不怕没钱，就怕没人。

不怕没人，就怕没智。

不怕贼讲，就怕贼想。

不怕年灾，就怕连灾。

不怕不精，就怕不勤。

不怕伤身，就怕伤心。

不怕战死，就怕冤死。

不怕县官，就怕现管。

不怕指头粗，就怕心头细。

不怕黑李逵，就怕笑刘备。

不怕当面鼓，就怕背后锣。

不怕人不敬，就怕不敬人。

不怕人不敬，就怕己不正。

不怕不识货，就怕货比货。

不怕文人俗，就怕俗人文。

不怕吹牛皮，就怕见功夫。

不怕红脸关公，就怕笑面罗汉。

不怕丈深的草，就怕尺深的泥。

不怕嫁夫穷，就怕嫁个鼻涕浓。

不怕虎生三只眼，就怕人起两样心。

套“A不出B来”：

虎口里掏不出肉来。

鸟笼里飞不出雄鹰来。

花盆里长不出巨松来。

苦瓜籽结不出甜瓜来。

狗窝里养不出老虎来。

狗嘴里吐不出象牙来。

染缸里取不出白布来。

雀窝里飞不出鸽子来。

雀窝里掏不出凤凰来。

稗壳里碾不出白米来。

乌木刻不出象牙筷子来。

羊身上长不出骆驼毛来。

猴子嘴里掏不出枣儿来。

套“A再B也C”：

夜再长也天亮。

山再高也有顶。

煤再洗也变不白。

路再长也有头。

海再深也有底。

龟寿再长也有头。

树再高也有梢。

耗子再大也怕猫。

锅再小也比勺子大。

水再大也淹不死鱼。

水再大也不倒流上坡。

风再大也吹不走岩。

牛再大也压不死虱子。

胳膊再粗也拧不过大腿。

山再高也遮不住太阳。

月光再亮也晒不干谷子。

手再大也挡不住太阳上升。（藏族）

眼睛再好也看不见后脑勺。

尿罐子再洗也断不了臊气。

套“宁A不B”：

宁可无钱，不可无耻。

宁可站着死，不可跪着生。

宁可无钱，不可无智。

宁为英雄死，不为奴隶生。

宁可争智，不可争财。

宁为贫家女，不为阔家媳。

宁可人穷，不可志穷。

宁跌在屎上，不跌在纸上。

宁可失财，不可失节。

宁拆十座庙，不拆一门婚。

宁可身冷，不可心冷。

宁做小中大，不做大中小。

宁为玉碎，不作瓦全。

宁做太平犬，不做离乱人。

宁为鸡头，不为牛后。

宁遭身骨苦，不受面皮羞。

宁过三山，不过一水。

宁可三日无肉，不可一日无豆。

宁背三斤，不提一两。

宁牵瞎子过桥，不为傻子指路。

宁矮三寸，不争一分。

宁给粗布当里子，不给绸缎当面子。

宁做鸡头，不做凤尾。

宁叫蚕老叶不尽，不叫叶尽蚕不老。

套“一个A一个B”：

一个喇叭一个调。

一个雀子一个音。

一个马勺一个柄。

一个和尚一本经。

一个庙子一路神。

雁门关外野人家，早穿皮袄午穿纱　雷云贵　摄

一个将军一个令。

一个老板一本账。

一个老爷一个印。

一个骡子一个套。

一个萝卜一个坑。

一把钥匙开一把锁。

一朝天子一朝臣。

一棵树结一样果。

一样人交一样人。

一个香炉一个磬。

一个世人一个性。

一枕黄粱一场梦。

一语忠言一剂良药。

一年长一岁。

一秋枯一枝。

一劳养一人。

一智富一乡。

一足踏一山。

一马配一鞍。

一个铁罐一个盖。

下编　谜语

第一章

谜语概说

谜语的定义和称呼

长期以来，人们把“书法、水墨画、京剧、灯谜”，合称为中国艺术“四绝”。其中的“灯谜”，就是“谜语”的重要组成部分，有时还是“谜语”的代称。

一、谜语的定义

同谚语一样，谜语也有广、狭两义。

广义的谜语，是指暗里影射事物或文字等供人猜测的现成话。“暗射”貌似神秘，而“猜测”趣味横生。它包括影射事物的“事物谜”和影射文字的“文义谜”，以及两者兼用的“花色谜”等所有谜语。

狭义的谜语，仅指暗里影射事物这一部分“事物谜”。这些事物谜，不包括影射文字，不同于文人个体创作的“文义谜”，其绝大多数是劳动民众的集体创作，基本上属于“民间文学”范畴。

人们通常所说的“谜语”，用的是很宽泛的概念，多指广义。本书正是立足于此来介绍“广义的谜语”。

“谜语”古称“廋辞”、“隐语”。“廋”（sōu，音搜），同“隐”，意为隐藏，藏匿。南宋学者周密《齐东野语》说：“古之所谓廋辞，即今之隐语，而俗所谓谜。”顾名思义，谜语就是故意把要说的意思“隐藏”起来，而巧妙借用别的说法来表示，造成难以弄明白的“谜”，让人通过“别的说法”，去把“要说的意思”猜出来，从而趣味横生，以产生自娱和他娱的效果。在谜事活动中，这个“猜”，习惯说成“打”。如：

一山两个洞，分辨香臭最管用。/打人体器官（鼻子）。

山里到处窜，针多没一线。/打一动物（刺猬）。

青树挂灯笼，不绿它就红。/打一植物（辣椒）。

一花不用栽，下雨手中开。/打一用品（雨伞）。

这四条谜语中，“/”前的那句话，就是“别的说法”，后面“（）”内所说，才是“要说的意思”。

二、谜语的称呼

谜语除古称“廋辞”、“隐语”外，还有其他许多别称：

谜子——方言区百姓之称。

灯谜——古时常把谜面贴于花灯，渐成习惯称呼。

春灯——花灯多在迎春时张挂，并上贴谜面，故名。

春灯谜——意同“春灯”。

灯虎——谜语难猜，比喻它像老虎一样难以射中。

文虎——谜语有时用“文句”为谜面，故名。

敲诗——因文人游戏，猜射诗词、典故而得名。

诗钟——意同“敲诗”。

俗谜——即“事物谜”，习惯称“谜语”。

雅谜——即“文义谜”，习惯称“灯谜”。

长面谜——百姓创作的“事物谜”，面长底短，故名。

短面谜——文人创作的“文义谜”，面短底长，故名。

花色谜——兼“事物、文义”，俗、雅两内容风格。如笑话谜、故事谜、画谜、书法谜、邮票谜等。

这些“别称”，有的指全部谜语，有的则仅指一部分。尽管称呼繁多，人们早已从谜语的产生、用途和创作风格以及这三方面综合的角度，把这些五花八门的别名儿归纳成以下三种：

1. 表俗谜的，称“谜语”。

2. 表雅谜的，称“灯谜”。

3. 兼含俗、雅谜特征的，称“花色谜”。

这三类之中，第1类数量最多，应用最广，影响也最大；第2类次之，但艺术性高，颇多精妙；第3类是一种“特色谜”，作为基本类型，与1、2类并驾齐驱。

木书介绍“广义的谜语”，就是这三种谜语的全部。为了叙述的方便，书中一般只笼统地称为“谜语”。

谜语的构成

一般谜语由三个部分构成。请先看一组谜例：

姊妹成排露水飘，黄带捆在正中腰。/打一农事（拔秧）

两兄弟，一样长，有筋骨，没肚肠。/打一器具（梯子）

三横三竖能种谷。/打一字（田）

明明水少，却说水多。/打一字（泛）

这组谜例中，我们用“/”和“（）”把它们分隔成三段，以此构成谜语的三个部分——谜面、谜底和谜引。

一、谜面

谜语表面所用的“别的说法”，如上面谜例的“姊妹成排露水飘，黄带捆在正中腰”、“两兄弟，一样长，有筋骨，没肚肠”、“三横三竖能种谷”、“明明水少，却说水多”等。它是谜语的题文，毫不隐瞒地全部公开，供猜谜者破谜时作为基本依据。

打一成语（揭竿而起）

杨丽乔　绘

前两谜是俗谜，以事物作“谜面”，最为普遍；后两条是雅谜（灯谜），则以文字作“谜面”（有时是几个汉字）。此外，还有一种兼俗、雅两种风格的“花色谜”，则选故事、笑话、绘画、书法及邮票之类杂物作“谜面”。

二、谜底

把“要说的意思”故意隐藏在谜面底下，故称“谜底”。如上面谜例的“拔秧”、“梯子”、“田”和“泛”等即是。

谜底故意曲里拐弯，藏得深而又深，尽量不让听谜语者轻易猜破。谜底愈难射中猜破，愈显整个谜语质量高、趣味浓。

部分谜语，谜底常常花样翻新，形成“谜格”。

所谓“谜格”，是部分谜语（可称“格谜”）变换谜底的特定格式。变换的方法，主要是改造谜底，使它经过改造能与谜面相扣合，更添谜语的奇巧和风趣。

构成谜格的方法很多，谐读谜底字音、移动谜底字序、增减谜底字数、分合谜底字形等。这些方法后面将专章细讲。

三、谜引

又叫“谜目”，作用是引导猜射谜语的范围、方向，如上述谜例中所用的“打”（也可以用“射”、“猜”等）及其后面的字眼。

打一修养语（老练）

杨丽乔　绘

“谜引”是谜语的有机组成部分，相当于面、底之桥。猜谜者必须既分析谜面的暗射，又遵循谜引的指导，才能成功破谜。否则，漫无边际乱猜，难免徒劳无获。另外，有时一条谜语可能同时有几个谜底，这时没有“谜引”的范围限制，会更难以猜中谜底，而影响破解效果。

谜语和歇后语、谶语、谚语的区别

谜语是“现成话”大家族的成员之一。它和家族其他一些成员，如歇后语、谚语、谶（chèn，音衬）语（宗教信仰语）

等，有时非常相像，须要仔细分辨。

一、谜语和歇后语的区别

最容易和谜语混淆的是歇后语。两者的主要区别是：

从内容看，谜语大多状物、摹字或撷义，如“白帐子，红被子，里面睡个白胖子”（花生）；而歇后语则大多侧重言事，如“生下儿子又生女——花生”。两者的内容都是说“花生”，谜语描写花生的形状；而歇后语则只借“花生”这个词，叙述“生儿又生女”之事。

从语境看，谜语大多用于游戏或逗乐。如“小黑鱼，光滑滑，脑壳倒比身子大（蝌蚪）”，无须依附具体语言环境，单说就行；而歇后语则通常用于社会交际，做句子成分，须依附上下文，才能使句意完整。如“这事不必再议，外甥打灯笼——照舅（旧）”，如果不说“这事不必再议”，听者会莫名其妙。

从使用看，谜语必须用“谜引”特别提示、引领，如“高山头上一张磨，放牛娃娃不敢坐”，须提示“猜一物”，听者才可据此猜出是“牛粪”。而歇后语的“解体”（相当于隐去的谜底），隐去与否，都无须单作提示，如只说“抱着琵琶进磨房”，听者就立即可知其解体是“对牛弹琴”。较之谜语，歇后语顶多只能算是“半隐语”。

二、谜语和谶语的区别

“谶”，意思是迷信者认为将来要应验的预言、预兆。表述这种尚未破解意思的话，就叫“谶语”。历史上，它和谜语曾合称“隐语”。随着谜语的发展，它们终于分道扬镳，并出现了以下区别：

从内容看，两者都具隐语特征，但谜语不带迷信色彩，无预言、预兆性质。如谜面“孔雀收屏”，打三国人物（吕布），谜底只着眼姓名用字，而不预言人物命运。而谶语正好相反。如东汉末年所传“千里草，何青青，十日卜，不得生”，预言“董卓”必灭，这条以“离合隐语”形式创作的政治性谶语，迷信、预言色彩十分鲜明。

从语境看，谜语大多用于游戏或逗乐。如“宋字去宝盖，不作木字猜”，打一字。其谜底为姓氏“李”，仅文字游戏而已。而谶语则用于宣传鼓动，一般和娱乐无关。如明末农民起义时所传“十八子，主神器”，神秘预言农民领袖“李自成”必得天下，简直就像“政治宣言”。

从使用看，谜语必须用“谜引”特别提示、引领。如上述“孔雀收屏”、“宋字去宝盖，不作木字猜”两谜，都特别提示须打某类谜底。而“千里草，何青青，十日卜，不得生”和“十八子，主神器”两谶语，虽然隐藏预言，却不做任何提示，故意搞得神神秘秘，以使人笃信不疑。

三、谜语和谚语的区别

从内容看，谜语大多状物、摹字或撷义。“事物谜”、“文义谜”，都立足“怎么样”或“是什么”。如“扭扭曲曲，比山高，比草低”，是据谜面对“路”所做形状的描述，打出所隐谜底“路”。而谚语则无不讲理、推理，侧重回答“为什么”。如“走不完的路，读不完的书”，用“路走不完”的事实做比方，讲谚语所蕴为何“要学而不厌”之理，并不讲路“怎么样”走不完。

从语境看，谜语大多用于游戏或逗乐。如“一人拉，一人推，雷声响，雪花飞”，谜底打“锯木”，目的仅在猜着玩儿。谚语则用于严肃的劝诫、教诲，一般和娱乐无关。如“人情像拉锯，你来我有去”，告诫人们在社会交往时，要礼尚往来。

从使用看，谜语须用“谜引”特别提示、引领。如上述“扭扭曲曲，比山高，比草低”和“一人拉，一人推，雷声响，雪花飞”，若不提示、引领，就会叫人莫名其妙。而谚语“走不完的路，读不完的书”和“人情像拉锯，你来我有去”，不做任何提示、引领，句意照样完整、鲜明。

第二章

谜语的起源和发展

起源上古，孕育先秦

本书前面说了，“谚语”或为“黄帝语”，起源于文字出现之前、距今五千年前的“黄帝时代”。据考证，“谜语”的诞辰应该接近“谚语”。

有的学者认为，“曲折隐意”是谜语最早、最根本的特征。因此，上古民谣《弹歌》“断竹，续竹；飞土，逐肉”，就可以理解为不无“胎谜”特征的原始谜语。这首民谣，是东汉人赵晔记于《吴越春秋勾践阴谋外传》而流传至今的。有人推断，它出自黄帝时代。

“始生之物，其形必丑”，任何事物之始，都不可能很完善。谜语当不例外。即使《弹歌》可以理解为谜语的雏形，那么，它（们）发展成真正意义上的谜语，也必然会经历漫长的时间。《左传宣公十二年》记载，楚国大夫申叔展在战争关头，用隐语解救敌国好友还无社（萧国大夫）的故事，就发生在公元前 597 年。此外，《左传》所载《呼庚呼癸》故事，发生在公元前 482 年。《史记》所载《大鸟止庭》故事，发生在公元前375年。《战国策》所载《海大鱼》故事，发生在公元前321年。这些都是脍炙人口的隐语故事。

上古运用隐语获得成功的范例，当推《史记滑稽列传》中的一段记载：战国时，齐威王喜欢隐语，整天骄奢淫逸，不理国事。谋士淳于髡（kūn，音坤），巧妙运用隐语进谏，使齐威王幡然觉醒，励精图治。这一故事，发生在公元前375年。这些确凿的史实都说明，远在两三千年前的春秋战国时代，隐语的创作和运用就已十分普遍。

传为春秋时左丘明所著《国语晋语第五》说："有秦客廋辞于朝，大夫莫之能对也"。这更说明，远在春秋时代，隐语（廋辞）的创作、运用，就已经达到了相当高的水平。

至唐代，无名氏著《琱玉集》，追记一故事：

孔子出游，路遇一个头戴象牙梳子的妇人，就问随行的弟子们："谁能借得她头上梳子？"颜回自告奋勇，过去跪求那妇人，故意绕个弯子说："我有乱山，上长百草，有枝无叶，草中藏百兽，有喝的没吃的。请夫人借给罗网，让我捕兽一用吧！"妇人二话没说，就取下梳子给他。颜回问："夫人不问原委，怎么就借给我梳子呢？"妇人说："你的'乱山'，是指你的头；'有枝无叶'的百草，是指你的发；'百兽'是指发中虱子；你要借的'网'，不就是我这梳子吗？"颜回惊诧她善解话外之音的才华，默然走开了。

在这个故事中，一个普通女性竟有如此娴熟的猜谜才华，当时社会上谜事水平之高，可见一斑。

战国末期的荀卿，是当时擅长"赋体隐语"的杰出代表。他所作赋体隐语，计有《礼》、《知》、《云》、《蚕》和《箴》

等六篇。其中的《蚕》，铺叙了蚕的特征、蚕丝的功用和人们对蚕的评价，俨然已是后世谜语的雏形。他的《解蔽》有这样一段话："空石之中有人焉，其名曰觙。其为人也，善射以好思。"这里的"空石"，是古代地名；"射"，就是"猜射，猜谜"。

这说明，荀卿的作品已明确从隐语向"猜"谜过渡。难怪后来刘勰评论隐语时说："纤巧一异思，浅察以炫辞，义欲婉而正，辞欲隐而显，荀卿《蚕赋》已兆其体。"刘勰之所以认为谜语的产生是受了《蚕赋》影响，正因为这篇《蚕赋》太具备谜语特点了。

谜化汉魏，成熟隋唐

时至西汉，有个被誉称"仙人"的滑稽家，名叫东方朔。他当过汉武帝的太中大夫，除擅长艺术表演外，还精于作谜猜谜。

班固所著《汉书》，写有东方朔和宫廷优伶郭舍人斗"谜"的故事。郭以"蚊"底出隐语，他也用同底答以隐语，斗"谜"场面绘声绘色。他从民间学习猜"谜"之法，每猜出物品后，总要念一段射覆词，很受人们欢迎。班固夸奖说："朔之诙谐，逢占射覆，其事浮浅，行于众庶，童儿牧竖莫不炫耀。"东方朔作为当时特别著名的"谜语大师"，在运用隐语时，如此明确"猜射"要求，把形成中的谜语向着"娱乐消遣"的方向大大推进了一步。这是他对我国谜语形成发展的一大贡献。

先秦隐语，多用“以字取义”的喻意法。时至汉魏六朝，则盛行离合隐语。所谓“离合”，就是利用汉字的特殊构造，将其笔画重新拆离组合，以别隐新意。以此为标志，作为“谜语”前身的隐语，豁然大盛开来。《世说新语》记载有这样一个隐语故事：

曹操和杨修路经曹娥碑，见上有“黄绢幼妇，外孙齑臼”八字。杨修聪颖过人，立即看出八字背后别有隐意——谜底：“黄绢，指色丝，合成‘绝’字；幼妇，指少女，是个‘妙’字；外孙，女儿之子，合成‘好’字；齑臼，受辛之意，合成‘辤’（古辞字）。八字所隐意思，是‘绝妙好辞’。”

杨修所猜的，就是“离合隐语”。它已不止于单一离合字形，还进而追求“字义相扣”，使隐语向着完全意义上的“谜语”过渡。因此，不少学者把曹娥碑隐语推崇为“文义谜”之源。

“曹娥碑隐语”几个字组成一个“谜底”；而南朝宋人鲍照别生创意，用骈体文形式，通篇猜射一字。这位文学家写道：“二形一体，四支八头，一八五八，飞泉仰流。”前三句离合兼象形，后一句融会字义，总括谜底：“井”。这不就是面目一新的“字谜”吗？许多学者夸赞“鲍照首创字谜”，不无道理。

南朝梁人刘勰撰《文心雕龙·谐隐》时，总结此前隐语发展，明确说：“自魏代以来，颇非俳优，而君子嘲隐，化为谜语。”这里所说“俳优”，是古称滑稽戏艺人。这个文学理论批评家说，从魏以来，老式“滑稽”表演已不太受欢迎，文人们便热衷嘲讽谐趣的隐语，将其演变成了谜语。

根据刘勰论述，有人总结说“谜语诞生于魏代”。对此，学者们有的赞成，有的反对。本书认为，如果说魏代以来，猜射“隐语”蔚然成风，许多“隐语”全面“进化”成了较为完善的“谜语”，应该是没有错的。

事实上，最晚出现于春秋的“隐语”，至先秦后期，早已悄然向“谜语”慢慢转化，只是到魏晋南北朝，才形成较为定型的“谜语”罢了。

时至隋唐，谜语的创作技法走向了成熟发展期。拆字、离合、会意、谐音、别解等谜语佳作，大量涌现，举不胜举。

经五代十国的继续发展，精巧的“灯谜”已呼之欲出了。

精于两宋，长盛不衰

宋朝立国，物阜年丰。朝廷非常重视欢度年节，一再扩大元宵放灯规模，延长节庆时日，为谜语逐渐走向民众节庆活动架设了宽阔之桥。

当时，每逢元宵佳节、赏灯之夜，大量谜语爱好者，总喜欢将雅致而难猜的一些“字谜”，以及其他一些“文义谜”，抄成纸条，贴在灯笼上，或者直接书写在灯笼上，供人赏灯猜射，从而使“灯谜”应运而生。孟元老《东京梦华录元宵》写道：“正月十五日元宵……卖药、卖卜、沙书、地谜，奇巧百端，日新耳目。”元人周密《武林旧事元夕灯品》也追记说：灯会之上，“以绢灯剪写诗词，时寓讥笑，及画人物，藏头隐语，及旧京诨语，戏弄行人”，由此可见当时谜事之旺。“灯谜”应运而生，继而迅速发展。

明代郎瑛《七修类稿》说："隐语化而为谜，至苏黄而极盛。"这里所说"苏黄"是指苏东坡和黄庭坚。其实，除此两人外，还有王安石、秦少游等难以计数的大雅高儒，也都踊跃投身谜事活动，创作了大量谜语，特别是灯谜精品。可以说，宋代是我国谜语史（尤其是灯谜史）上非常重要的转折期。

从宋到元，"灯谜"不断发展，促成了"谜底"的迅速变化翻新，新巧而多样的"谜格"不断出现，标志着"文义谜"的创作日渐成熟，同时也大大促进了"事物谜"创作更加蓬勃发展。

时至明代，随着城市工商业的迅速发展，市民阶层的文化需求日益增长，迎来了包括"事物谜"、"文义谜"等各种形式谜语、谜事活动的普遍繁荣。其突出标志是："谜格"广泛运用于灯谜，使得谜语从长期以来的"俗谜"当家，全面扩展到俗谜、雅谜相谐共荣的繁盛局面。

在文化史上，总结不同历史时期的文化特色时，常常称颂"唐诗、宋词、元曲、明小说、清灯谜"。这表明，清代（特别是清中叶以后的一个阶段）堪称我国谜语史上的鼎盛期。其主要标志有三：

一是谜语（尤其灯谜）创作量大质高，盛况空前。

二是谜语搜集、研究渐成体系（以雍乾年间谜家费源《玉荷隐语》、《群珠集》为代表）。

三是作谜猜谜活动及谜语社团，雨后春笋般遍及全国。

此外，清代小说如《红楼梦》、《镜花缘》等，大量插叙谜事（尤其灯谜）活动，也推进了谜语的发展。

从清末到民国初的数十年间，尽管时势动荡，而谜坛却仍旧名家辈出，佳作如云。其中最杰出的谜家谜著，当推张起南和他的《橐园春灯话》。张氏其书，被誉为“历代灯谜著作中理论最完整、内容最丰富的灯谜巨著”，对现、当代谜语创作和研究影响极为深远。

新中国成立后，具有悠久历史文化底蕴的中华谜语，在党的“百花齐放”、“推陈出新”方针指引下，从内容到形式都有了新的发展。仅新中国成立后的 10 年间，谜语汇编和研究著作就出版了 30 余种，发行上百万册。改革开放以来，这类新著更是数不胜数。不仅如此，元宵之夜和其他大小节庆，乃至婚礼、寿宴、开业、奠基等各种活动，纷纷穿插谜语竞猜，确乎已成为时尚。

常言道：“国运昌，谜事旺”。而今伴随国民文化素养的普遍提高，特别是“网络谜语”窗口的开创，“文义谜”已逐渐从少数文人墨客笔下解放出来，成为一般民众尝试创作的普及谜种。传统“灯谜”已不只在“花灯”上露面，更多的是频频出现在日常娱乐和传媒交流中。

现在，“文义谜”与“事物谜”已经出现“雅俗合流”之势。谜语这枝别具一格的艺术奇葩，更见长盛不衰，越开越艳！

第三章

谜语的基本特征

隐喻性

所谓“隐喻”，简单说就是“隐藏加比喻”。前面讲了，谜语是从“隐语”发展而来，故意将“想说的意思”隐藏不露，这是它与生俱来的特性。不仅如此，这种“隐藏”还总是通过拿别的事物来打比方，将谜底深“藏”在寓意之中。“寓意”在文艺创作上叫“寄托”。《文心雕龙·谐隐》讲“汉世隐书，十有八篇”时，认为“谜语是对某种事物或现象所作的简短的寓意的描写”。这说明，“隐”而“喻”是谜语的一大本质特征。如：

千补丁，万补丁，补丁上头搭补丁。

远望乌层层，近看像鱼鳞。

千条沟，万条沟，草不生，人不走。

这三条谜语的谜底，都是“瓦屋顶”。它们都对“瓦屋重重叠叠覆盖瓦片”这一现象，作“简短的寓意的描写”，都将谜底完全隐藏在谜面之外。然而，它们所比喻的谜底，却都从瓦片覆盖的外观、特点等透现出来。再如：

孪生大汉扁扁身，走路都用脚后跟。

两个将军一般高，腰间合插指挥刀。

白天闹气两分开，夜晚和好碰头来。

这三条谜语的谜底“双扇门”，各自隐喻在对“门”的形状、性能的“简短的寓意的描写”之中，若隐若现，似有似无，只要细心思考，就能透过“描写”找到所隐所喻的谜底。

谐趣性

所谓“谐趣”，就是诙谐、风趣，让人开心、发笑。从汉魏以来，谜语明显表现出三大功能：

1. 拐个弯子说主张。

2. 夸耀才智。

3. 讲求开心娱乐（自娱和他娱）。

不难发现，这三大功能，都是通过谜语的诙谐、风趣来实现的，越诙谐、风趣，效果越佳。无论多么庄重、严肃的事物或道理，只要进入谜语，就必然“寓庄于谐”，把庄严“寓”藏在诙谐、风趣之中。

总之，所有谜语，或多或少、或浅或深，都具有“谐趣性”。可以说，没有“谐趣性”，就没有谜语。如：

枪打没洞，刀砍没缝，百岁公公也咬得动。

能够吃，能够用，斩不断，拉不拢。

刮风皱皮，下雨生疮，天晴精光。

这三条谜语的谜底，都是“水”。它们各自描写“水”的特点，没有平铺直叙，而是充满了诙谐，把再常见不过的

“水”说得活灵活现。

有的谜语“寓庄于谐”，表现为“荤面素猜”，就是乍一看谜面，似乎太过粗俗，甚至不堪入耳。其实这正是谜语的谐趣性，故意让你初见“荤”面为之一惊，惊疑生趣，再避开“荤”意，去猜“素”净谜底。山野村民劳动之余，为了怡然解乏，不时以“荤面素猜”逗乐，实无淫秽之嫌。这种谜语，只要使用有节，则可别收“谐趣”之效。如：

一物生在腰，有皮又有毛，

长短两三寸，子孙里面包。（打一物）

姊妹十七个，围着铜盆坐，

老娘和人总亲嘴，姊妹们都让摸揣过。（打一物）

两谜的谜底分别是农作物“包谷（棒子、玉米）”和乐器“笙”。

遇到此类谜语时，你若首先想到谜语的“谐趣性”，就可免乱生惊疑。只要你沿着“荤面素猜”之路，仔细捉摸谜语“素”面的弦外之音，按照通常猜谜之法，就能猜出它们的正确谜底。

韵律性

所谓“韵律”，就是诗词中的平仄格式和押韵规则。通俗地讲，韵律就是讲究用语音调高低强弱的安排、搭配，让人说来顺口，听来悦耳，而表现出来的语音听说效果。

谜语的谜面，有让人听、看、感等多种形式，如语句、故事、笑话、画面乃至动作等。这里说的“韵律性”，主要存在于语句型谜语的谜面。这类谜语，数量最多，流行最广，也最具谜语的固有色彩。正是在此意义上，有人才常常把谜语和诗歌、对联、谚语等放到一起，看做“韵文”作品。

语句型谜语，有单句体、复句体、多句体之分。复句、多句既讲求押韵，又注重语句的抑扬顿挫，铿锵悦耳。如：

复句谜——弟兄两个一般大，隔着毛山不说话。(耳朵)

三句谜——头戴红缨帽，身穿水绿袍，口唱主人调。(鹦鹉)

四句谜——青石板，滑石桥，四把桨，一路摇。(乌龟)

四句谜——出门肥肥胖胖，进门瘦瘦长长，
倚在门旁，眼泪千行。(伞)

五句谜——黑心肠，尖尖头，行路用头走，
走呀走，肚子一饿不再走。(铅笔)

即便“单句体”，也多注重韵律，照样顺口悦耳。如：

单句谜——明月来相照。(光临)

单句谜——白头偕老不分离。(长期共存)

精练性

谜语小巧、简洁，即使故事谜、笑话谜，以至画谜之类，也很少例外。因此，有人把它列入“微型文学”范畴。

谜语的精练，一是来自它的“谐趣性”。要趣味浓，就不容拖泥带水。“话说三遍淡如水，驴叫三遍嘛了嘴”。二是来自它的“群众性”，因广大民众参与，哪怕文人创作的“文义谜”，也要经受无数人次的品评、检验，以至修改，任何啰唆表达都难以苟存。

一般讲，文人创作的“文义谜”，面短底长。“短面”，短到一两字。“长底”，长不过三五字、七八字。“短面”谜，如：

帅。（打一成语）一字之师。

斌。（打一成语）文武双全。

汇款。（打邮政词语）邮票。

良宵。（打礼貌用语）晚上好。

“长底”谜，如：

灌药。（打一常用语）不服也得服。

棋圣。（打一常用语）一人之下，万人之上。

百姓创作的“事物谜”常常面长底短。这类“长面”，也讲究精练，多呈诗句或对联形式。如：“上是铁，下是铁，木桶中间接。”这条谜语只用了11个字，就把谜底“蒸酒”的复杂过程、特征，概括得一清二楚。“你眼望我眼，我手抓你腰，后生推一下，老人推一朝。”这条谜语生动地描绘出老少两代人“穿针”（谜底）的精彩场景，只用了4句20字。

谜语的精练，有时表现为谜面的多重包孕，即下面要谈的“一面多底”。先看一例：

敲金砖，放花鞭，一树李花万万千；

赶羊群，吊银线，五色桥梁空中悬。

（打一组气象语）

这条谜语的谜面，仅26字，却包孕着6个谜底——雷、闪、星、云、雨、虹，语言之精练，实在惊人。

有时候，“文义谜”和“事物谜”以故事作谜面。如：

三国时候，吴蜀联合抗曹，一举破敌八十三万人马。蜀国军师诸葛亮神机妙算，总比吴国大都督周瑜技高一筹，对获胜起了决定性作用。周瑜器量狭小，妒火中烧，气得箭疮迸裂，休克醒来还仰天喟叹："天哪，既然生我周瑜，又何必再生诸葛亮!"

请按周瑜意愿，打计划生育一用语。

这个故事谜，谜底是"只生一个好"。其谜面，叙述、描写都点到即止，尽量就简删繁，长而不冗，极少"剩义闲言"。

变异性

谜语一般来自群众、面向群众，又多以口耳相传。不同地区、不同行业的人，常常从各自不同的视野、体验、需求（意愿）以及素养出发，创作、修改和影响谜语，使谜语和谚语一样，产生许多异文和变体。这就是它的"变异性"，或者叫做"不确定性"。

谜语的"变异性"，主要表现在三方面：

1. 同一个谜底的谜面，可以有大同小异的用语表述。如：谜底为"眼睛"的谜语，谜面多达数十种。试看其中大同小异的两组：

①黑片白片，满满两罐；黑面搅白面，满满两瓦罐。

一半白面，一半黑面，和在一起，不满两罐。

黑面搅白面，满满两大碗，谁要没两碗，一世受可怜。

青布头，白布头，掀掀塞塞两碗头。

②开门关门，里面住着仙人。

开箱关箱，里头坐个豆娘。

开皮箱，关皮箱，里面住个娇姑娘，谁都不让撞。

早开箱，夜关箱，箱里有镜台，镜里有小孩。

2. 同一个谜底，还可以有多个完全不同的谜面。如：谜底“裤子”，就至少有4个迥然不同的谜面：

一个大圈，连俩小圈，外头再捆一圈圈。

一物三个口，贫富家家有。有它不算富，没它要出丑。

一只篓，三个口，没它不出门，有它到处走。

床面前，有个坑，掉下去足有半人深。

3. 同一个谜面，可以有多个谜底。如：谜面“快快逃，快快逃，赤膊的逃去，穿衣裳的拿牢”，述说“筛子筛米的状态”；而谜底却可以是工具（筛子），也可以是事情（筛米），猜两个“底”，都不算错。

谜语“变异性”形成的变异表达，在各地（甚至一地）同时流传，生动地表现出语言艺术及其风格的丰富多彩，有利于适应不同人群的不同需求。因此，它既是正常的现象，也是可喜的现象。

群众性

除极其个别的“雅谜”，仅流行于个别“雅人”外，绝大部分谜语都是来自或面向公众的。谜语的“群众性”一般包含三层意思：

1. 内容来自群众及其生活视野。

2. 大部分由群众集体创作或检验、修改。

3. 谜事活动须群众参与才能完成。

这三层意思，主要针对“事物谜”而言。“文义谜”虽说出自文人之手，但一般也能面向群众。如：

一人独自做，二人无法做，

只要你不讲，没人能识破。（做梦）

不打电，不打闪，下雨不过两三点。（小孩哭）

挪圆又打扁，打扁又挪圆。（做汤圆）

四腿走，四腿悠，一个哈哈一个愁。（猫捕鼠）

坡脚烧火，坡顶冒烟。（吸旱烟）

这些谜语，无不来自群众生活，流传于广大民众之中。社会生活的各个角落，都有谜语流传。必须强调的是，它们大多是群体创作，经多人多次斟酌、修改，最后回到众人之中，绝少例外。而那种完全局限于个别文人的谜语，极少极少。

第四章

谜语的分类

谜语的内容非常丰富，表达形式也十分复杂，为其分类很是困难。古今中外，谜语有很多种分类法，有从内容分的，有从形式分的；有从谜底分的，有从谜面分的；有按首字笔画分的，有按首字读音的音序（汉语拼音字母）分的，这些方法各有长处，也各有不足。

本书遵循“成系统、有章法、利实用、便研究”的12字方针，兼采多种分类之长，立足内容，着眼谜底，观照形式，兼顾特类，拟出如下类别框架。

谜面分类框架

从谜语的谜面角度，可将谜种分成单面谜、复面谜、环面谜、画面谜和事面谜等五大类。

一、单面谜

谜面只包含单一的谜底，即使“一谜多底”，也属于“单一”意义上的变异。单面单底的，如：

跟我走，跟我站，跟我一个样，就是不吃饭。（人影）

有腰无背，脚里伸出两条腿。（裤子）

单面复底的，如：

哑语（打语文词语）谜底：①比喻；②指示代词。

过目不忘（打语文词语）谜底：①观后记；②速记。

二、复面谜

复面谜又称“组谜”，一个复合谜面包含多个谜底。如：

天上圆圆，地上圆圆，房里圆圆，寺里圆圆。

谜底：①月；②井；③镜；④磬。

尖担菜，扁担菜，挑心菜，剐心菜，红心萝卜，钩钩菜。

谜底：①葱；②蒜；③蒜薹；④莴苣；⑤蛋；⑥豆芽。

大哥尖尖，二哥圆圆，

三哥打伞，四哥划船，

五哥偷米不用袋，六哥杀生不用剑，

七哥一身疮，八哥精光无衣衫，

九哥一身毛，十哥两瓢碗。

谜底：①辣椒；②南瓜；③藕；④蛙；⑤鼠；⑥猫；⑦苦瓜；⑧茄子；⑨冬瓜；⑩葫芦。

三、环面谜

环面谜又称“连环谜”，一个复杂谜面，分作若干段落，每段包含一个谜底，各段以“底”顶真相连，全谜“连环”相扣。所谓“顶真”是一种修辞技巧，多句表达时，取上一句的末字，用作下一句的首字，依次连环。如：

上搭桥

上搭桥，下搭桥，中间一条鲤鱼跑——梭；
说是梭，就是梭，只走平地不走坡——船；
说是船，就是船，两头落地中间悬——桥；
说是桥，就是桥，内长骨头外长毛——鸡；
说是鸡，就是鸡，早朝东来晚朝西——葵；
说是葵，就是葵，今年去了明年回——麦；
说是麦，就是麦，你晓得我不晓得。

一个老鼠

一个老鼠，两个尾巴——刀鞘；
刀鞘刀鞘，两头挂牢——桥；
桥呀桥，两头摇——扁担；
扁担扁担，两头弯弯——弓；
弓呀弓，肚里空——鼓；
鼓呀鼓，肚里生白虎——冬瓜；
冬瓜冬瓜，两头开花——枕头；
枕头枕头，中央空空——灯笼；
灯笼灯笼，两头拉拢——响炮；
响炮响炮，中央打个缚——竹垫；
竹垫竹垫，两头相连——竹筒。

一只蛤蟆

问：一只蛤蟆，四脚儿拉叉，囫囵吞人，肚里说话——是个啥？

答：是个房。

问：说是房，不是房，又没木又没梁——是个啥？

答：是个窑。

问：说是窑，不是窑，四四方方水上漂——是个啥？

答：是个船。

问：说是船，不是船，又有银子又有钱——是个啥？

答：是个印。

问：说是印，不是印，又有力来又有劲——是个啥？

答：是个弓。

问：说是弓，不是弓，又有紧来又有松——是个啥？

答：是个锁。

问：说是锁，不是锁，又有你来又有我——是个啥？

答：是个镜儿。

问:说是镜儿,不是镜儿,里头有个麦黄杏儿——是个啥?

答：是个鸡蛋。

问：说是鸡蛋，不是鸡蛋，滚到西山，西山回来，还是鸡蛋——是个啥？

答：是个火烧（烧饼）。

问：说是火烧，不是火烧，滚到逍遥，逍遥回来，还是火烧——是个啥？

答：是个日头。

煞尾：天上有日头，河里有泥鳅，妈哩兄弟，我哩舅。

四、事面谜

事面谜又称“故事谜”，讲述一个故事或笑话，作为谜面，让人详察其情节的暗示，猜射谜底。如：

聪明的新郎

宋朝时候，苏小妹很有才华，脾气可有点儿怪。这不，新婚大喜，她还连出三道怪题，执意要考新郎秦少游，答不出，就不让进洞房。

秦少游也是有名的才子，要在平常，别说三道题，三十道也难不住他。可此时此刻，也许是太激动，他被第三题难倒了——苏小妹出上联“闭门推出窗前月”，让他对下联，他搔耳抓腮，就是对不上。

苏东坡看在眼里，急在心里，有心帮帮少游，又怕被小妹发现，就顺手向洞房边的水塘里投掷一块石头，暗示少游。聪明的新郎，立即猜知其意，圆满应对，令新娘十分满意。

秦少游对的下联是什么，请猜猜看。

(谜底：投石击破水底天)

这篇文章好不好

明朝时候，有个大文人叫祝枝山，名气很大。

这一天，县太爷请他当家教：“犬子将来必成大器。你若不俯就，要后悔的。”说着，让师爷递给祝枝山一篇文章，“看看这篇佳作吧！犬子刚写的。”

祝枝山接过文章，浏览了一下，就在文稿上写了几句话，然后一拱手，告辞了。

“两个黄鹂鸣翠柳，一行白鹭上青天。”县太爷念着，乐得合不拢嘴，“这不是唐诗名家杜甫的名句吗？他说文章写得‘有声有色’，犬子明朝会‘青云直上’。好，好，祝枝山到底看上犬子啦！”

师爷提醒说：“老爷，文章背面还写有字呢。”

县太爷翻转文稿一看，鼻子都气歪啦。

祝枝山在文章背面写的什么，你知道吗？

（谜底：不知所云，前途难料）

五、画面谜

画面谜用某一画面、绘画、照片以至书法、邮票、实景等直感形象作为谜面，让人根据画面所提供的特色含义，猜射谜底。如：

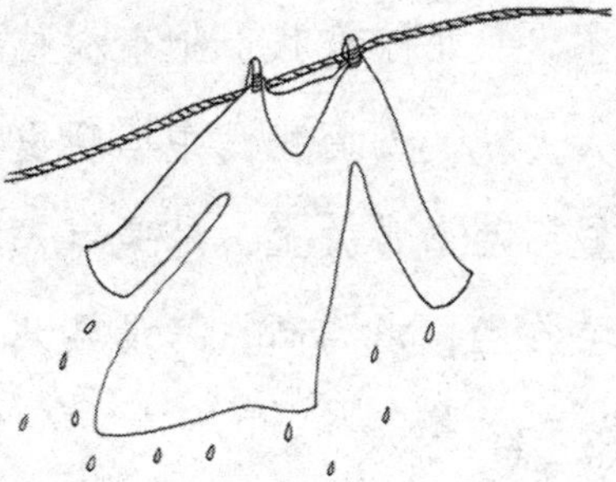

杨丽乔　绘

打一字（是）　　　打一成语（一衣带水）

谜底分类框架

以上从谜面角度，分了五大谜种。若从谜底内容的角度，则可以有十二个谜种划分，即自然、动物、植物、人体、行为、生活、器物、医卫、文事、专名、字语、百行等类。

当然，在上述五大谜面谜种之下，也可把这十二个谜底谜种，作为十二个中类，各自放在五种之下；十二谜底中类之下，还可再酌分若干小类。

下面，以“单面谜”为例，可分为：

1. 自然类

千万家财买不来，天天清早送上来。（日头）

四周撒满小白豆，中间一个大馒头。

（月亮和星星）

红公鸡，绿梢尾，展展翅，一千里。（闪电）

2. 动物类

不大一个小猴猴，抱着树枝磕头头。（啄木鸟）

大大城门两面排，中间现出美人来，

城门两扇常关上，越是有人越不开。（蚌）

学狗坐，没狗高，一没耳朵二没毛。（青蛙）

3. 植物类

一年十二月，大霜不掉叶，

开花看不见，结子又吃得。（松树）

一棵草，水上漂，开白花，结元宝。（菱角）

青梗红叶，乌子白花。（荞麦）

4. 人体类

姐妹隔道堰，望死不相见。（眼睛）

千兄弟，万兄弟，一分家，三兄弟。（发辫）

非酒非水非清泉，不是雨露到人间，

时有时无人常见，日晒不干月晒干。（汗）

5. 行为类

泾渭不分。（打社交行为）互相交流

讲课。（打修养要求）为人师表

好。（打政治口号）男女平等

6. 生活类

有头无脑，有脚无爪。（打衣物）裤子

尖底船，载白米，两根桨，划到底。（打生活动作）吃（米）饭

一样东西细又细，一个跟头一个屁。（打玩物）鞭炮

7. 器物类

有风不动无风动，不动无风动有风。（打自用品）扇子

一个老头没颈项，十个八个都驮上。（打家用品）炕

圆背马，大尾巴，鬃毛长在肚底下。（打日用品）毛刷

8. 医卫类

严格控制第二胎。（打中药名）杜仲

远看观音坐莲，近看猴子打拳，

身上没有半根纱，手里拿着四两棉。（打生活动作）洗澡

小小东西放嘴里，查病要看它肚皮。（打医疗用品）体温表

9. 文事类

你十六，我十六，同胞一世不和睦。（打体育用品）象棋

硬硬舌头尖尖嘴，啥都不喝只喝水。（打文具）自来水笔

七长八短一大捆，一个艺人抱着啃。（打乐器）笙

10. 专名类

挟泰山以超北海。（打南宋抗金英雄）岳飞

江山如画。（打美洲国名）美国

已经过去。（打学科名）历史学

11. 字语类

画时圆，写时方，寒时短，热时长。（打一字）日

移动电话。（打一成语）道听途说

身兼二职。（打一谚语）对事不对人

12. 百行类

三头五耳六只脚，猜着了打酒给你喝。（打农事）犁田

小小一家店，又卖汤圆又卖面。（打工务）缫丝

售人岂作趋炎志，知我常输献曝诚。（打行业）炭行

这仅是内容分类框架，而谜语内容庞杂万端，用作娱乐又虚实不定，弹性很大，分类极难。如，“拔秧、拔草、拔剑、拔高”等用作谜底时，难以一并归入某类，农务、环卫、军务、字语等，都有可能隐“拔”，有时也难截然断开，如“拔草”在田间则涉农务，在宅院则涉卫生。

鉴于上述情况，本框架审视和划分谜底类别时，只能遵循两点：一是立足谜语特性，侧重谜底主旨；二是避细以适当就粗，自成体系即可。

第五章

谜语例说

什么叫“谜格”？简单讲，就是谜语面和谜底的扣合格式。

在通常情况下，谜语只须一般地扣合结构，照常规猜射。而有的时候，谜语创作者刻意改造“谜底”，精心针对其用“字”，采取谐读字音、分合字形、粘连字义、移动字序、增减字数等法，或多法兼采，让其与谜面巧妙相扣，以提高猜谜技巧。所用各种方法，各自逐渐定型为一种格式，就成了“谜格”。

我国谜语有多少“谜格”呢？有案可查的即不下60种：

下楼格、上楼格（登楼格、踢斗格）、丹心格、双钩格、只履格（只屐格）、白头格（的颅格、的颡格、冠玉格、素冠格、雪帽格、皓首格）、加冠格（正冠格）、回文格、合璧格、亥豕格、牟尼格、红豆格、折巾格、折屐格、折腰格、别字格、系铃格、庐山格、纳履格（正履格）、拆字格、拗项格（乙上格、掉头格）、放踵格、卷心格（乙中格）、卷帘格、虾须格、垂柳格、秋千格（千秋格）、神龙格、徐妃格（半妆格）、素心格（玉带格、玉腰格）、鸳鸯格（求凰格）、粉底格（立雪格、踏雪格）、展翼格、骊珠格（隐目格）、掉尾格（乙下格）、掉首格（调首格、掉头格）、移花格、移铃格、落帽格（脱帽格、升冠格、滑头禅、摩顶格）、脱靴格（无底囊）、梨花格（飞白格、粉面格）、盘膝格、离合格（曹娥格）、裁锦格、集锦格、碎锦格、叠锦格、遥对格、解带格、解铃格、解领格、蔽膝格、摘顶格、摘遍格、蝇头格、蝉脱格（金蝉格）、缩颈格、增损格、蜓尾格、燕尾格……

本书简要介绍其中12种：

1. 下楼格

谜底不少于三字，将首字移作末字，以扣合谜面。如：

一代胜一代。（打常用词语）“好传统”，用格则成“传统好”，扣谜面“一代胜一代”（传下了好后代）。

爷娘闻女来。（打花名）“达木兰”，用格则成“木兰达”，扣谜面“女儿（花木兰）回来了”。谜面来自《木兰辞》。

2. 上楼格

谜底不少于三字，将末字移作首字，以扣合谜面。如：

西河设教。（打《三字经》句一）“夏传子”，用格将末字“子”移作首字，则成“子夏传”，即扣合谜面：孔子死后，其弟子子夏曾在西河讲学。

放眼全球。（打哲学名词）“世界观”，用格将末字“观”移作首字，则成“观世界”，即扣合谜面“放眼全世界”。

3. 白头格

谜底不少于两字，首字故意用“白字”（别字），写错或读错以扣合谜面。如：

废品。（打《水浒》一人名）“吴用”，用格则将首字“吴”按别字“无”错写，即扣合谜面“没用的物品”。

家徒四壁。（猜防空设施名）“防空洞”，用格则将首字“防”按别字“房”错写，即扣合谜面“房子空空洞洞”。

4. 卷帘格

谜底至少三字，从后向前倒读，以扣合谜面。如：

岛。（打地名）“地中海”，用格倒读则成“海中地”，扣谜面“岛”。

德智体全面发展。（打学科名）“优生学”，用格倒读则成“学生优”，扣谜面“德智体全面发展”。

峨眉。（打成语）“名山大川”，用格倒读则成“川大山名”，扣谜面“四川大山名”。

5. 秋千格

谜底限两字，打秋千般从下往上倒着念，以扣合谜面。如：

米粮川。（打地理名）“河谷”，用格倒读则成“谷河”，扣谜面“米粮的河”。

今天。（打国名）“日本”，用格倒读则成“本日”，扣谜面“今天”。

6. 徐妃格

谜底不少于两字，偏旁相同，均去偏旁以扣合谜面。如：

大哉杜工部。（打法学词语）“拒捕”，用格均去偏旁，则成“巨甫”，扣谜面“伟大的杜甫”。唐代大诗人杜甫，当过“工部员外郎”，史称“杜工部”。

瓤。（打动物）“狐狸”，用格均去偏旁，则成“瓜里”，扣谜面“瓤”。

“徐妃格”的称呼很怪。据《南史后妃传》载，梁元帝萧绎瞎了一只眼，徐妃便“半妆”迎驾，使元帝大怒而去。这个“谜格”因此得名。

7. 粉底格

谜底不少于两字，将末字谐音读成白字，以扣合谜面。如：

垂钓。（打数学词语）“等于”，用格将末字“于”谐音读白，则成“等鱼”，扣谜面“钓鱼”。

不生第二胎。（打缝纫用语）“对襟”，用格将末字“襟”谐音读白，则成“对禁”，扣谜面“不能生一对儿”。

8. 掉尾格

掉，即调换。谜底要求不少于三字，须将末尾两字互换位置，以扣合谜面。如：

贾政。（打明代学者名）“王夫之”，用格调换末两字，则成“王之夫”，扣谜面“王夫人之夫”。贾、王都是古典小说《红楼梦》中人物。

儿童不宜。（打五字谚）“不要小看人”，用格调换末两字，则成“不要小人看”，扣谜面“不适宜儿童看”。

9. 掉首格

又称“掉头格、调首格”。谜底要求不少于三字，须将前两字互换位置，以扣合谜面。如：

救死扶伤。（打交通用语）“人行道”，用格调换前两字，则成“行人道”，扣谜面“实行人道主义”。

录取单。（打计划生育用语）“只生一个好”，用格调换前两字，则成“生只一个好”，扣谜面“录取一个”。

10. 梨花格

谜底不少于两字，均谐音读“白”字，以扣合谜面。如：

不容易湿。（打历史朝代名）“南朝”，用格将两字谐音“白”读，则成“难潮”，扣谜面“难得潮湿”。

归园田居。（打植物名）“茴香”，用格将两字谐音“白”读，则成“回乡”，扣谜面“回乡过田园生活”。谜面“归园田居”是陶渊明诗的题目。

11. 脱靴格

又称“无底囊”，谜底要求不少于三字，须删去谜底一字，以扣合谜面。如：

家乡故迹。（打汉代一文句）“故里名胜母”，去掉“母”字，则为“故里名胜”，与谜面正好扣合。

捆绑不成夫妻。（打计划生育语二）“结扎对象、难通户”，用格删去“户”字，则成“结扎对象难通”，正好扣合谜面。

12. 碎锦格

谜底不少于两字，每字都须拆成两字或三字来读，以扣合谜面。如：

众口一词。（打邮电用物）“信筒”。用格将两字均一拆为二，则成“人言个个同”，扣谜面“众人说的一样”。

夜夜谈箭术。（打礼貌用语）“多谢”，用格将两字均一拆为二，则成“夕夕言射”，扣谜面“每晚都谈论射箭”。

第六章

怎样猜谜语

和你一起练练

猜谜的基本方针是："吃透谜面，放开思路。"

具体讲，就是仔细、反复琢磨谜面每一个字的形、音、义，及其个别的、组合的含义，包括本寓、里外、虚实、正反、真假、广狭、新旧……漫无边际地纵横驰骋，引申发挥，不可死板地就"面"论面。

下面，举些谜题练一练。

小白狗，趴洞口，一声呼，忙缩头。

（打人体一物）

——谜面所说人体呈"洞"之物，有"口、眼、鼻、耳"等，能让人看见"趴洞口"伸缩"头"的，只有"鼻涕"了。

小小树，田里栽，金花谢了银花开。（打一植物）

——谜面说的"田里"的"小小树"，可见不是树木，而是庄稼。"银花"就是白色的花。田里开"白花"的，不是"棉花"吗？

嘴巴尖，尾巴长，又钻洞，又偷粮。（打一动物）

——谜面所描写的动物，能“钻洞”，又“偷”吃粮食，肯定是“老鼠”。

挑东西。（打一新词）

——“东西”二字拆开，就是“东”和“西”两个方向，成为“双向”；而“挑”即挑选、选择，所以谜底是“双向选择”。

先天不足，后天有余。（打一古代职务名）

——“先天不足”可以理解为“天”字缺胳膊少腿，扣“大”字。“后天有余”则相反，是“天”字多了什么，扣“夫”字。连起来，就出现谜底“大夫”。

共同致富。（打一数量词）

——参透谜面意思是“大家一块儿富，钱多起来”，谜底立刻出现“一块多钱”。

为伊消得人憔悴。（打一疾病名）

——首先须知谜面是宋代词人柳永《蝶恋花》中的句子，意思是想念爱恋之人，相思成病了。这病是因爱而滋生，于是谜底“爱（艾）滋病”就出现眼前了。

雨。（打甘肃省地名）

——“雨”是自天而降，落地成水。在甘肃地名中，与“天”、“水”有关的，为世人所知的地名，只有“天水”。

十字路口挂时钟。（打政治词语）

——“十字路口”是行人穿流最多的地方，“时钟”是供人观看钟点的，所以谜底应是“群众观点”。

医院大门。（打卫生用语）

——谜面讲的“门”，是各种病人进入就诊的通道，可以理解为“进病”的地方。于是，谜底“病从口入”就猜到了。

问路。（打汽车零件名，上楼格）

——谜底是“方向盘”，用格将末字“盘”移作首字，则成“盘方向”，即扣合谜面“盘问前行方向”。

教你数招技巧

猜谜的方法很多。除随机应变、综合审视等一般原则外，还有较为稳定的模式性技巧。有案可查者，即不下 30 种，诸如：

反扣、分扣、方位、正扣、归纳、包含、半字、夹击、问答、因果、异读、运典、运算、抵消、侧扣、承启、组合、重扣、特征、顿读、借代、推理、移位、假设、减损、象形、象声、暗扣、漏字、增损等。

这些技巧，有的已在上面练习中零星涉及。下面，集中抽出 12 种一一介绍。

1. 反扣

从谜面相反方向去联想、发挥，猜出扣合谜面的谜底。如：

去其糟粕（打统计术语）——谜面说“去掉糟粕”，反其向而思之，得到的当然是无糟粕的收入，猜“纯收入”作谜底，没错儿。

2. 方位

表示方位的词语，有“上、下、左、右、内、外、前、后、东、西、南、北、头、尾、始、末、里、边、角、中”

等。要依靠方位词的启发，对谜面中有关字的笔画、部件，作相应的取舍（增减），从而猜出扣合谜面的谜底。如：

员。（打数学用语）——在数学用语里，能与谜面“员”直接搭边儿的，首选“圆”，但它和“员”字无扣合关系，难作谜底。若从方位考虑，就立即发现“员”在“圆”字的中心，“圆心”才是谜底。

3. 归纳

此法适用于并列多个事物的谜面。猜射须抽出它们的相同特征或性质，进行类别归并或数量积累，从而猜出扣合谜面的谜底。如：

大饼油条豆浆。（打一学校用语）——谜面并列了三样食品，归纳一下，原来都是通常用作早点的食品名。把它们和“学校用语”一联系，就猜出谜底是“早点名”了。

4. 问答

当谜面以提问方式征求谜底时，就以“答”的形式猜出谜底。这种“答”不可拘泥于正面扣合内容，而须从别解角度，别生谜趣。如：

木匠戴枷为何不叫人同情？（打一成语）——猜谜是娱乐活动，答问须回避“木匠戴枷”的社会问题，而从“木匠”与“枷锁”的其他关系，寻求别解，猜知谜底是“自作自受”。

5. 运算

当谜面内含数字时，可考虑将其涉数词语，通过数学运算，或单位换算，猜出扣合谜面的谜底。如：

三只狡兔。（打一字）——“狡兔”就是狡猾的兔子。古谚说“狡兔有三窟”。运算一下，三只兔子就应有“九”个洞穴。什么字能有“九个洞穴”呢？只有谜底“究”。

6. 运典

运用此法须熟悉典故。当谜面包含典故时，通过其涉典内容或故事情节等，猜出扣合谜面的谜底。如：

打渔杀家。（打一成语）——谜面包含的典故是京剧《打渔杀家》，内容是：渔霸勒索、欺压渔民萧恩，萧恩忍无可忍，杀死渔霸，报了冤仇。从而运用“萧恩将冤仇报了”之典，找出谜底“恩将仇报”。

7. 组合

按照谜面提示，将其有关的字，或者字的偏旁、部首、笔画，组合在一起，从而猜出扣合谜面的谜底。如：

自大一点。（打一字）——谜底是“臭”字，由“自”、“大”，再加一个“、”，组合而成。

8. 特征

抓住谜面所说事物的性质、形状、用途等特征，加以引申、别解，从而猜出扣合谜面的谜底。如：

电风扇。（打政务用语）——谜面特征是转动着产生风，“产生风”就是“作”风。经引申别解，就猜出谜底“转变作风”。

9. 借代

借用与谜面中相关、相似、相应的替代对象，从而猜出扣合谜面的谜底。如：

有儿子变成老子（打一山珍名）——借用别名“老子”的“李耳”，去替代谜面的“老子”，“有儿子”才“成老子”，因“子”乃后嗣（sì，音四），原本没有，“李”字没有“子”则为“木”，于是谜底“木耳”就猜出来了。

10. 推理

按照谜面提示或要求，从有关文字的结构或文义变化中，进行逻辑推理，一步步接近以至找到谜底。如：

云南大旱。（打一字）——从云南简称“滇”，推出“滇大旱”；又从“大旱”，推出“缺水”；再从“缺水”，推知“无水”，即没有三点水偏旁的“滇”，猜得谜底是“真”字。

11. 减损

按照谜面提示，减掉其中某字的偏旁、部首或笔画，从而猜出扣合谜面的谜底。如：

我不言语。（打一字）——减掉谜面“语”的“言”字旁，得谜底“吾”。在古文里，“吾”就是第一人称“我”。

12. 漏字

谜面有意漏掉某一两字，猜出所漏之字，或漏字所谐音义，从而猜出扣合谜面的谜底。一般讲，谜底中须有与“漏”相应的“欠、缺、遗、失、少、差、无、没、光”等字眼。如：

忠孝仁爱礼义廉。（打一品行用语）——谜面讲中国传统道德，显然漏了个“耻”字，由“漏耻”而得谜底是“无耻”。

附录一

考你一百零八题

1. **自然类**

①远望一只红脚桶，追不着来拿不动。（打天象物）

②一面镜子亮晶晶，走遍天下照古今。（打天象物）

③金捧盒，银捧盒，天下只有这两个。（打天象物二）

④青石板，板石青，青石板上钉银钉。（打天象物）

⑤水皱眉，树摇头，花弯腰，云逃走。（打气象物）

⑥远看像座山，近看一溜烟。（打气象物）

⑦不粗不细，顶天立地。（打气象物）

⑧五彩绸，挂天头，架座桥来无人走。（打气象物）

⑨一条带子长又长，弯弯曲曲亮光光，一头扎进大海里，一头搭在高山上。（打地象物）

2. **动物类**

①四条棍，撑条梁，有人过，骂一场。（打动物）

②胡须两边翘，日夜它放哨，摸黑眼似灯，开口总说妙。（打动物）

③茅屋两头翘，屙屎不撒尿。（打动物）

④黑补丁，白补丁，站在枝头唱五更。（打动物）

⑤一把刀在水里漂，有眼睛来没眉毛。（打动物）

⑥大牛真叫奇，鼻子拖到地。

（打动物）
⑦不是狐，不是狗，前吊铡刀，后拖扫帚。（打动物）
⑧好个小天王，布下天罗网，稳坐中军帐，专捉飞来将。（打动物）
⑨小黑鱼，光滑滑，脑壳倒比身子大。（打动物）

3. 植物类

①一个老者高又高，周身背着杀猪刀。（打植物）
②千节节，万节节，一年四季不落叶。（打植物）
③小时青，大时黄，光结穗子不打粮。（打植物）
④扁树扁丫杈，结果再开花。（打植物）
⑤空筒树，空筒花，先结子，后开花。（打植物）
⑥开花开到梢，结子半中腰。（打植物）
⑦生根不落地，有叶不开花，市场有卖的，园里不种它。（打植物）
⑧一把伞，厚又圆，收不拢，撑得满。（打植物）
⑨六十大寿。（猜花卉名，掉尾格）

4. 人体类

①清早无腿，昼间两腿，傍晚三腿。（打一生物）
②归家三百日，出门天大光，回头翻眼望，不见旧家乡。（打某种人）
③高高山上一堆草，草堆下面一对宝，宝贝下面一座坟，坟底下面开大门。（打人体某部）
④山上一捆柴，插上扁担没人抬。（打人体某部）
⑤高山崖上种韭菜，不稀不密刚两排。（打人体某部）
⑥一母生子三十多，先生弟弟后生哥，不论啥事弟先办，办不了时再靠哥。（打人体某部）
⑦一棵树，五个丫，不长叶子不开花。（打人体某部）

⑧脊梁朝前，肚皮朝后，猜着给你二升黑豆。（打人体某部）

⑨看时不见摸时见，一时不见呼皇天。（打人体功能）

5. 行为类

①欺君。（打社交）

②择优录用。（打社交）

③青果。（打修养）

④拄着竹竿走路。（打修养）

⑤丢了乌纱减了肥。（打政务）

⑥怒气冲冲诉短长，肚里空有好文章，全部家当都用尽，留把雨伞转回乡。（打司法）

⑦旌旗十万斩阎罗。（打军务）

⑧同室操戈。（打军务）

⑨丈夫卧病，妻子担心。（打政务）

6. 生活类

①有手，无脚，有肩膀，没脑壳。（打生活用品）

②四脚朝天肚皮走，尾巴在前头朝后。（打生活用品）

③来人换装。（打二字的食物，拆字格）

④别人皮包骨，它偏骨包皮。（打食品）

⑤两个瘦子细又长，扭在一起跳池塘，有人拿棍来救起，瘦子一下变黄胖。（打食品）

⑥一群小姐妹，同床各盖被。（打水果）

⑦新造牌楼崭崭新，只用椽子不用钉，今朝造来今朝看，明朝要看再造新。（打生活用语）

⑧从国外来，红黑两队，五十四人，没一条腿。（打玩物）

⑨无端问起没来由，一团乱丝难找头，丝头一旦找到了，一下解开万般愁。（打娱乐）

7. 器物类

①塞牙缝儿都是干净钱。（打生活用品）

②一物真稀奇，拿人鼻子当马骑。（打生活用品）

③四角方方随身藏，伤风咳嗽它最忙。（打生活用品）

④四个同样小瘦子，合戴一顶平帽子。（打生活用品）

⑤只有胳膊没有手，一见人来它就搂。（打生活用品）

⑥崖上悬只狗，挨枪才开口。（打生活用品）

⑦尖嘴没舌头，眼睛生在喉咙口。（打生活用品）

⑧带头反腐倡廉。（打洗涤用品）

⑨肉在里，骨在外，脊背疮疤像害癞。（打生活用品）

8. **医卫类**

①三指弹琴两指听，自言自语自分明。（打医疗语）

②打开就全面，不开只一半。（打药物）

③买来煮了，煮好扔了。（打药物）

④生男育女都高兴。（打中药名二）

⑤早。（打中药名）

⑥严格控制第二胎。（打中药名）

⑦皇帝落了难，宰相关监牢，如过火焰山，开牢还叫好。（打医疗语）

⑧你对我，我对你，你再看我拧死你。（打卫生语）

⑨十人打马上荒山，八人辛苦二人闲，雪花纷纷不见雨，面带愁容心喜欢。（打卫生习惯）

9. **文事类**

①德智体全面发展。（打学科名，卷帘格）

②四四方方一块粑，肚里包的黑芝麻，粒粒打我口头过，就是没有嚼到它。（打教育活动）

③竣工。（打教育活动）

④状元及第。（打学制）

⑤身长黑腿，只知喝水。（打文具）

⑥日行千里不出乡，同胞兄弟各爷娘，高中状元无榜上，结发夫妻不久长。（打艺术活动）

⑦四四方方一座城，里面住着两种人：有的露身不开口，有的开口不露身。（打艺术活动）

⑧三头六臂，似兽非人，四耳能听，两耳不闻。（打表演）

⑨跃上新台阶。（打体育项目）

10. **专名类**

①佯装中弹。（打唐代诗人，梨花格）

②鸟笼。（打《三国演义》人名）

③岛屿。（打美洲国名）

④说话不粗鲁。（打学科名）

⑤掌握。（打三字房产专名，拆字格）

⑥一步三晃。（打四字商业用语）

⑦酗酒失态。（打一法律术语，白头格）

⑧问苍茫大地。（打地质学名，秋千格）

⑨长征。（打《水浒》人名，下楼格）

11. **字语类**

①重点支持大西北。（打一字）

②自小在一起，目前少联系。（打一字）

③五指。（打一成语）

④导游。（打一成语）

⑤瞎高兴。（打一谚语）

⑥欢。（打一谚语）

⑦剃光头。（打一俗语）

⑧一粒红豆。（打一惯用语）

⑨罐头食品。（打一惯用语）

12. **百行类**

①七只脚，三个头，两根尾巴左右扭。（打农务）

②木匠穿着铁匠鞋，后头紧跟石匠来。（打农务）

③白狗上炕，越打越胖。（打

农务）

④四根木柱起高楼，百万将军梦里游，姑娘送进鲜粮草，将军争先扬起头。（打农务）

⑤东边出日头，西边雨湫（qiū，音秋）湫，知了树上叫，鸭蛋水里游。（打农务）

⑥问路。（打汽车零件名，上楼格）

⑦肩挑担子，稳坐台子，办事最公，不摆架子。（打一物品）

⑧一人端坐小转台，一人执刀从后来，曹操献刀有镜照，董卓看见不理睬。（打行业动作）

⑨看着往东走，实际向西行，无脚走天下，没见路不平。（打行业动作）

附录二

考题谜底

1. 自然类：①太阳，②月亮，③太阳、月亮，④星星，⑤风，⑥云，⑦雨，⑧虹，⑨江河。

2. 动物类：①狗，②猫，③鸡，④喜鹊，⑤鱼，⑥象，⑦狼，⑧蜘蛛，⑨蝌蚪。

3. 植物类：①杉树，②棕树，③芦苇，④仙人掌，⑤水稻，⑥玉米，⑦豆芽，⑧香菇，⑨指甲花。

4. 人体类：①人，②出生胎儿，③头，④发髻，⑤眉毛，⑥口，⑦手，⑧小腿，⑨脉搏。

5. 行为类：①上当受骗，②见好就收，③不老实，④虚心使人进步，⑤无官一身轻，⑥打冤枉官司，⑦地下斗争，⑧内战，⑨内忧外患。

6. 生活类：①衣裳，②草鞋，③大米，④蛋，⑤油条，⑥石榴，⑦梳头，⑧扑克牌，⑨猜谜。

7. 器物类：①洁银牙膏，②眼镜，③手绢，④桌子，⑤椅子，⑥锁头，⑦剪刀，⑧领洁净，⑨斗笠。

8. 医卫类：①诊脉，②膏药，③中草药，④千金子、合欢，⑤省头草，⑥杜仲，⑦拔火罐，⑧拧手巾，⑨癞子瘙痒。

9. 文事类：①优生学，②读书，③毕业，④高中，⑤毛笔，⑥演戏，⑦木偶戏，⑧舞狮，⑨跳高。

10. 专名类：①贾岛，②关羽，③海地，④语文，⑤二手房，⑥行情不稳，⑦罪状，⑧土质，⑨程万里。

11. 字语类：①头，②省，③三长两短，④引人入胜，⑤眼不见，心不烦，⑥债多不愁，⑦推得一干二净，⑧单相思，⑨吃得开。

12. 百行类：①犁田，②耧地，③弹棉花，④养蚕，⑤缫丝，⑥方向盘，⑦台秤，⑧剃头，⑨撑船。

参考书目

1. ［清］杜文澜著，周绍良校点．古谣谚．中华书局，1958.

2. 温端政著．谚语．商务印书馆，1985.

3. 武占坤，王喜辰编著．谚语知识．河北民间文学集成办，1986.

4. 张毅编．常用谚语词典．上海辞书出版社，1987.

5. 徐荣强，杨万娟编．谚语研究资料．湖北民间文学集成办，1988.

6. 何学威编著．中国古代谚语词典．湖南出版社，1991.

7. 陶汇章著．谚语文论．吉林文史出版社，2005.

8. 马学良主编．中国谚语集成．（三十卷本），ISBN 出版中心，1991－2006.

9. 王仿编著．中国谜语大全．上海文艺出版社，1983.

10. 赵首成，邵滨军主编．古今优秀灯谜鉴赏辞典．漓江出版社，1991.

11. 赵裕丰主编．楹联谜语标语集．中国人口出版社，2001.

12. 邹莶主编．中外谜语智力宝盒．商务印书馆国际有限公司，2002.

13. 王德海编著．谜语大全．四川少年儿童出版社，2005.

14. 金振邦编著．文章体裁辞典．东北师范大学出版社，1986.

后 记

作者谨将这本话说谚语和谜语的小书，奉献给波澜壮阔的社会主义新农村建设。

希望本书能成为名副其实的文化普及读物，适合中等以上文化程度的读者，尤其是广大农民读者之需。本书力求深入浅出，“理论体系”删繁就简，说理表述从俗就习，生僻词语酌予注音或释义，语例选择、语序编排均注重广大读者的日常实用和阅读方便。一句话，就是让他们看得懂、用得上。希望本书能因“小”见“大”，以甚“小”篇幅展现谚、谜两海的宏“大”轮廓。本书遴选、陈列语例时，力求科学性、全面性、代表性，让读者能通过极为有限的典型作品，窥见真实、广袤、绚烂的谚海谜海。希望本书能以既“新”又“稳”的面目，呈现读者眼前。本书尽量吸取两“语”研究的前沿成果，既回避学术之争，又坦陈一己之见，让读者易于明了，以免无所适从。

寻源索隐，踵武前人，本书得益于诸多学者先贤的研究成果，尤其全国谚语学者共襄其盛的《中国谚语集成》。怎奈小书篇幅所限，若干引用、吸收难免漏注乃至未注，只好在卷末陈列主要参考书目，以资弥补。在此，谨向这些成果的创造者们，一并致歉、鸣谢。

本书所用图片大多出自《中国民族民间文艺集成志书概览》。对此，作者亦特别申谢。

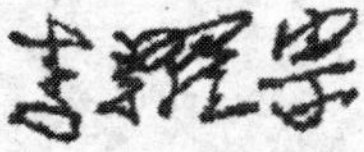

2006 年 7 月 3 日